관계녀 소유남

《KANKEI SURU ONNA SHOYU SURU OTOKO》
ⓒTmaki Saito 2009
All rights reserved.
Original Japanese edition published by KODANSHA LTD.
Korean publishing rights arraged with KODANSHA LTD.
through BC Agency

이 책의 한국어 판 저작권은 BC 에이전시를 통한 저작권자와의 독점 계약으로 문사철에 있습니다. 저작권법에 의해 한국 내에서 보호를 받는 저작물이므로 무단전제와 복제를 금합니다.

관계녀 소유남

초판 1쇄 2014년 4월 30일

지은이 사이토 타마키(斉藤環) ● 번역 김유영(金嚅泳) ● 펴낸이 김기창
기획 임종수 ● 표지 정신영 ● 본문 최은경

펴낸곳 도서출판 나비꿈
주소 서울 종로구 명륜동 2가 93번지 두리빌딩 206호
전화 02 741 7719 ● 팩스 0303 0300 7719
홈페이지 www.lihiphi.com ● 전자우편 lihiphi@lihiphi.com
출판등록 제300-2008-40호

ISBN 979-11-85429-01-4

* 값은 뒤표지에 있습니다.

관계녀 소유남

사이토 타마키 지음 · 김유영 옮김

나비다아

차
례
:

프롤로그　9

제1장　'젠더 센시티브'란 무엇인가

젠더에 관해서 말한다는 것의 의미 25 ¶ 젠더 프리 30 ¶ '백러쉬'의 본질 35 ¶ 젠더는 인간의 본질인가 45 ¶ 젠더 센시티브 52

제2장　남녀의 차이에 관한 책에는 왜
　　　　사이비 과학이 많은가

윤리관이나 가치관은 뇌를 통해 판단할 수 없다 61 ¶ 뇌 과학의 성차에 관한 거짓말 63 ¶ 차이를 재인식하고자 하는 욕망 67 ¶ 증명되지 않은 '뇌에 있어서의 성별 차이' 71 ¶ 호르몬의 힘이란? 74 ¶ 여성은 Y염색체가 결여된 '불완전한 성'? 78 ¶ 젠더는 진화하는가 81

차
례
:

제3장 　모든 결혼은 왜 불행해지는가

결혼기피는 왜 증가하는가 87 ¶ 결혼생활의 근원적인 엇갈림 94 ¶ 농담에 나타나는 엇갈림 101

제4장 　과식하는 여성, 은둔하는 남성

젠더 센시티브에 입각한 의료 111 ¶ '남성의 뇌'를 가진 여성 113 ¶ 정신질환과 호르몬의 관계 115 ¶ '은둔형 외톨이(히키코모리)'에 있어서의 성차 118 ¶ 섭식장애 123 ¶ '자학행위'와 '자기혐오' 127 ¶ '히스테리'란 무엇인가 133

제5장 　오타쿠에 있어서의 젠더 차이

왜 오타쿠인가 139 ¶ 오타쿠란 누구를 가리키는가 143 ¶ '야오이' 문화의 특이성 150 ¶ 비쥬얼에 편중된 남성 오타쿠 154 ¶ 오타쿠에게 있어서의 '입장 혹은 체면'이란? 157 ¶ '커플링'의 수수께끼 161

관계녀
소유남
:

제6장 남과 여의 '사랑의 형태'

성애에서 무엇을 추구하는가 169 ¶ 포르노그래피티 174 ¶ 남자는 얼굴, 여자는 목소리 179 ¶ 남자 소파 182

마지막 장 '젠더'의 정신분석

태초에 '거세'가 있었다 191 ¶ '성도착'에 관해서 196 ¶ '여자가 된다'라는 것 198 ¶ 여자는 존재하지 않는다? 200 ¶ 팰러스의 향락과 타자의 향락 204 ¶ 여성만이 신체를 갖고 있다 208 ¶ 어머니가 만드는 딸의 신체 211 ¶ '여성다움'의 분열 216 ¶ 여성의 공허감 220 ¶ 욕망의 2대 원리 222 ¶ '공감'과 '시스템화' 224 ¶ 공간과 시간 226 ¶ 젠더와 감정 229 ¶ 젠더와 언어 231 ¶ 라캉에 의한 페미니즘 233 ¶ 그렇다면 '젠더'가 필요 없을까? 235

에필로그　239
역자 후기　243
참고 문헌　249

* 일러두기
　일본어판의 저자 주는 괄호로 표기하였습니다.
　그 외의 모든 역주는 옮긴이 역주입니다.

프롤로그

남성과 여성은 같은 존재인가? 아니면 완전히 서로 다른 존재인가? 이 질문은 예로부터 지금에 이르기까지 수많은 학자들을 괴롭혀 왔던 명제라고 할 수 있다. 다르다고 할라치면 이처럼 서로 다른 존재도 없기 때문에 어떤 의미에서 남녀는 서로 양극단의 존재라고도 할 수 있을 것 같다.

그러나 말할 것도 없이 남녀는 '인간'이라는 점에서 '동일'하다. 아니, '동일한 존재'로 다루지 않으면 안 된다고 할 수 있다. 남녀의 관계에서 이와 같은 이중잣대double standard와 같은 발상은 항상 따라다니기 마련인데, 그렇다고 하더라도 지금 현재 현실적으로 가장 무난한 결론을 내려본다면 "사실은 다르지만, 권리에 있어서 동일하다."라고 하는 것이 좋겠다. 게다가 이러한 완곡한 표현은 그다지 큰 반발을 불러일으키지도 않을 것이다. 그렇지만 사실 이와 같은 결론은 철학자 임마누엘 칸트의 말투를 흉내낸 것이기도 하고 어찌보면 일종의 패러디라고도 할 수 있다. 아무튼 이 책에서는 남녀의 차이에 관한 테마를 가지고 이야기를 풀어나가고자 하는데 그것도 섹스(생물학적 차이)가 아닌 젠더(사회·문화적 성별의 차이)의 측면에서 알아보고자 한다.

남녀의 결정적 차이는 '소유'와 '관계'에 대한 태도

남자는 소유를 추구하지만 여자는 관계를 추구한다. 이것이 이 책의 기본적인 주장이자, 알파요 오메가라고 할 수 있다. 저자의 젠더에 관한 이해는 이러한 차이에 입각하고 있으며 이 책에서는 이와 같은 입장에서 젠더에 관해 반복해서 검증하고 또 분석했다.

그리고 이 책의 숨겨진 테마로서 '현대에 정신분석이 유효한가'라는 문제를 들고 싶다. 즉, 이 책의 결론이 나름대로 타당하다고 인정 받는다면 이는 곧 '정신분석'의 정당성을 입증하는 것이 될 것이다. 왜냐하면 마지막 장에서도 간단히 언급하겠지만 '소유'와 '관계'의 차이라는 발상은 정신분석 차원에서 젠더를 이해할 때 비로소 가능하기 때문이다.

다시 한 번 말하자면 젠더로서의 남녀의 차이는 실제로 존재하지만, 남녀의 권리에는 차이가 없다. 남녀가 다르다는 것은 두말할 것도 없는 사실이다. 하지만, 이 차이는 종종 '남성다움'과 '여성다움'이라는 표현을 통해 순환논리처럼 반복된다. 현실로부터 이념이 생겨나, 이념으로부터 다시 현실이 만들어진다는 순환논리와 다를 바 없다. 이러한 순환논리는 바로 우리들이 살고 있는 삶의 현장에서 비롯되는데 여기서 '현장'이란 가정이기도 하며 육아이자 교육, 그리고 세상이기도 하다. 그러나 과연 '여자는 여자답게, 남자는 남자답게'라는 교육방침이 지금 현재 우리들에게 얼마나 가치가 있을까?

우선 어린아이를 보더라도 남녀의 차이는 태어날 때부터 존재한다고 볼 수 밖에 없다. 어렸을 때부터 남자아이는 개구지지만 여자아이는 어딘가 태도가 얌전하다. 또한 취향도 달라서 '여자아이는 빨강이나 핑크를 좋아하며, 인형이나 과자를 좋아한다'. 그러나 '남자아이는 검정이나 파랑을 좋아하며, 로봇이나 장난감 총을 좋아한다'는 경향이 있는 것도 사실이다. 그리고 그들이 사춘기를 맞이할 즈음에는 이러한 차이는 더욱더 명확해진다. 그러나 '그러한 경향이 있다'는 것이 기정사실처럼 너무나도 일반화되면 젠더 교육은 '여자아이니까 핑크로 해라'라는 '강요'로 변질되어 버릴 위험성이 있다. 젠더를 논할 때 어려운 점도 바로 이와 같은 부분에 있다.

이른바 '그러한 것'이 '그래야만 하는 것'으로 변질되는 것이다. 이와 같이 단순한 사실의 차이가 쉽게 제도적 차원까지 비화하는 이유는 무엇보다 남녀의 차이에 관한 논의 그 자체에 있다. 실제로 페미니즘을 둘러싼 논의가 종종 혼란을 야기하는 것은 이와 같은 이유 때문일 것이다.

이 책의 독자를 위해 여기에서 본 저자의 입장을 확실히 해 두고자 하는데, 우선 앞서 언급한 바와 같이 '정신분석'이라는 입장을 중요시한다. 달리 말하면 이것은 '생물학'이나 '이데올로기'와 일정한 거리를 유지한다는 것을 의미한다(하지만 그렇다고 해서 관계없다는 의미는 아니다). 따라서 여기서 언급하는 남녀간의 차이라고 하는 것은 어디까지나 젠더를 둘러싼 차이로, 사회·문화적 성별의 차이를 의미한다. 다시 말하면 여기에서는 섹스 즉, 생물학적 성별차이에 관해서는 일단 제쳐두고자 한다는 것을 의미한다.

저자는 의사임에도 불구하고 젠더를 생물학적으로 증명하고자 하는 노력에 큰 의미가 있다고 생각하지 않는다. 예를 들어 인종 간의 지능지수를 비교하는 것이 아무런 의미가 없는 것처럼 남녀간에 지능을 비교하는 것에도 그 어떤 의미를 찾을 수 없다.

만일 차이가 존재하는 것을 알게 되었다손 치더라도, 그와 같은 연구는 '그렇다면 이러한 차이를 이제부터 어떻게 하면 좋을까?'와 같은 소박한 질문에 대해 어떠한 해결책도 제공해주지 못한다. 그런 연구를 할 여유가 있다면 차라리 승자와 패자의 지능 차이나 오타쿠[1]와 불량배의 혈중 에스테론의 농도 차이 등을 조사하는 편이 나을 듯 싶다. 그 편이 오히려 '소재'로서 재미있지 않을까?

덧붙이자면 저자는 뇌 자체에 존재하는 물리적 차원의 성별차이에 관해서도 그다지 관심이 없다. 예를 들어 뇌량[2]이 굵거나 가늘거나, 세로토닌[3]의 양이 어쩌고저쩌고 하는 논의의 가치는 매우 의심스럽다. 예를 들어 '남자는 다른 사람에게 잘 물어보지 않는

---

[1] 오타쿠おたく: 취미에 몰두하는 사람을 가리키는 말로, 나카모리 아키오中森明夫가 1983년 6월부터 1983년 12월까지 잡지 '만화 브릿코'에 연재한 '오타쿠의 연구'에서 소개되어 일반화된 말이다. 이 컬럼 자체는 오타쿠의 외모나 동인잡지 판매회 등에서의 보이는 행동을 논한 것으로, 오타쿠에는 집착 혹은 열광하는 대상에 소득이나 여유시간 대부분을 소비하는 '소비성 오타쿠', 자신의 취미를 널러 퍼뜨리고 싶어하고나 창조활동을 하고 싶다라고 생각하는 '심리성 오타쿠'의 두 종류가 있다고 논하고 있다.
오타쿠라는 용어는 타자를 일방적으로 비난하는 말이 아닌 이와 같은 사람들 스스로가 스스로를 일컫는 자학적인 표현이라고 볼 수 있다. 참고로 이 용어는 '오타쿠족'이라고 하는 종래에 존재하던 폭주족, 태양족 등, '-족族'이라는 형식으로 특정 집단을 가리키는 용어 중 하나였다.

[2] 뇌량腦梁: 좌우의 대뇌 반구가 만나는 부분으로, 변지체胼胝體라고도 한다. 신경섬유의 큰 모임으로 여타 동물에 비해 인간의 뇌에 특히 발달되어 두꺼운 백질판을 이룬다. 대뇌의 정중단면에서의 뇌량의 면적이 사람마다 다르기 때문에 이를 통해 인간의 지적 능력을 측정하려는 시도가 있었지만, 선천적으로 뇌량이 없음에도 불구하고 정상적인 생활을 영위한 예가 있었기 때문에 그러한 시도는 의문시되고 있다.

[3] 세로토닌serotonin: 혈액이 응고할 때 혈소판으로부터 혈청 속으로 방출되는 혈관수축작용을 하는 물질.

다거나, 여성은 지도를 보는 것이 서툴다' 등 대중들을 대상으로 하는 '기질적 성별차이'에 관한 해설서는 수없이 존재하지만, 저자는 그 대부분을 상당히 의심스럽게 생각한다. 이와 같이 성별차이를 생물학적으로 논한 책이 이른바 의사과학擬似科學, Pseudoscience 즉, '황당무계한 사이비 과학'이 되기 쉬운 이유에 관해서는 2장에서 자세히 다루고자 한다.

설사 남녀 간에 유전자나 뇌에 있어서 어떤 차이가 있다손 치더라도, 이러한 '차이'와 '차이가 있는 개개인을 같은 인간으로서 평등하게 대우할 것인지 말 것인지와 같은 문제'는 전혀 관계가 없다고 할 수 있으며 완전히 다른 차원의 이야기라고 할 수 있다. '인간'을 기질적으로 규정하고자 하는 발상은 우생학이나 파시즘보다 더욱더 나쁜 쪽으로 이어질 수 있다고 생각한다. 따라서 혹시라도 장래에 남녀 간의 뇌나 유전자에 결정적인 차이가 발견된다 하더라도(저자는 발견되지 않을 것이라고 생각하지만) 앞으로도 이 책에서 주장하고 싶은 내용은 변함이 없을 것이다.

사실 이 책에서 '소유'와 '관계'라는 차이를 든 것도 논의 자체가 단순하기 그지없는 뇌腦에 관한 이야기로 돌아가 버리는 것을 막기 위해서이다. 이 두 개념에는 추상적 차원의 개념과 구체적 차원의 개념이 복합적으로 들어 있기 때문에, 젠더를 논하는 데에 있어서 단지 뇌의 해부나 특정 기능에만 집착하는 것은 무의미하다.

저자는 젠더 문제가 가정이나 사회 안에서 차이가 다시금 차이를 만들어 내는 구조에 있다고 생각한다. 그러나 이것은 제도나 법률에 의해 강제되는 것은 아니다. 왜냐하면 '헤테로섹시즘(이성애주의)'⁴이라고 하는 우리가 생각할 수 있는 한 가장 오래되고, 그런 만큼 그 어떤 것보다 강력한 '이데올로기'에 기반을 두고 있기 때문이다. 우리가 이 세상에 살고 있는 한 그리고 어느 시대 어느 나라에 태어난다고 하더라도, 우리들은 이 헤테로섹시즘으로부터 벗어날 수 없다.

 그렇다면 왜 '헤테로섹시즘'은 이처럼 강력한 것일까? 이는 두말할 필요도 없이 헤테로섹시즘만이 인간의 '번식'을 가능하게 해 주기 때문이다. 정신분석학적으로 볼 때 이것은 우리들의 '욕망의 원인'이기도 하기 때문이다. 그리고 동성애조차도 헤테로섹시즘에 그 근원을 두고 있다고 볼 수 있다. 그렇다면 우리의 진정한 '적敵'은 헤테로섹시즘인가? 그 대답은 '예'이기도 하고 '아니오'이기도 하다. 왜냐하면 이 문제는 결코 그렇게 단편적인 문제가 아니기 때문이다. 무엇보다 성애性愛 없이는 우리들은 어떠한 '욕망'도 가질 수 없다. 그러나 과연 욕망이 없이 과연 어떠한 '가치'가 존재할 수 있을까? 아니, 그 이전에 욕망을 빼고 우리들이 살아갈 수 있을까?

 이제 와서 프로이트의 범성설⁵이냐 라고 웃을지도 모르겠지만, 나 역시 그렇게까지 흔해빠진 논의를 전개하고 싶지는 않다. 하나에서 열까지 모두 '성性'과 관련 지을 수 있는 것도 아니며 성욕이 모든 것이라고는 더더욱 말할 수 없다. 다만 저자는 '성애性愛'야말로 모든 욕망의 근원이라고 주장하고 싶을 뿐이다. 언제나 욕망은

---

4 헤테로섹시즘heterosexism: 이성애주의異性愛主義 혹은, 동성애자에 대해 차별적인 생각이나 태도를 취하는 것.
5 범성설汎性說: 심리학 용어로 성적인 것을 무엇보다도 강조하는 프로이트의 이론.

'차이'로부터 생겨나며, '성별 차이'야말로 우리들이 인생에서 최초로 경험하는 그 어떠한 것보다 중요한 '차이'임에 틀림없는 것이다.

그러나 다시 한 번 말하지만 차이가 있다손 치더라도 이는 오직 '마음'에서 유래하는 심적인 차원의 문제이다. 따라서 젠더를 오직 신체나 뇌만을 가지고 따질 수는 없다. 이것은 의학적 근거가 이러니저러니 하는 문제가 아니라 오히려 윤리적인 문제에 가깝다. 어떤 가치와 규범도 아무런 여과 없이 직접적으로 생물학적 차이와 연관지어 생각해서는 안 된다. 젠더의 차이를 짚고 넘어가야 한다면 각각의 젠더의 최대의 이익이 되는 경우에 한해서만 해당된다.

이러한 의미에서 저자의 논의는, 말하자면 '젠더 프리'보다는 '젠더 센시티브' 쪽에 가깝다고 볼 수 있다. 젠더 프리와 같은 논의는 종종 다소 강제적이라고 할 만큼 남녀를 대등하게 다루려고 한다는 비판을 받는다. 예를 들어 단순히 평등만을 위해 '중학교 남녀학생을 같은 교실에서 옷을 갈아입도록 하는 것'과 같은 방침을 들 수 있다. 물론 이와 같은 방침은 '남녀평등' 이전에 애초부터 도덕적으로 올바르지 않다. 왜냐하면 같은 교실에서 옷을 갈아입게 되면 여자만 일방적으로 불이익을 당하게 되기 때문이다. 마찬가지로, "진정으로 남녀평등을 하고 싶다면, 화장실도 목욕탕도 같이 쓰지 그래?"와 같은 단지 페미니즘을 조롱하고자 하는 극단적인 주장 역시 단편적이고 유치하기 그지없는 논리에 지나지 않는다. 따라서 젠더에 관한 논의에 의미가 있다고 한다면, 그것은 오직 젠더 때문에 발생하는 불이익을 최소화하고자 할 때에만 가능하다.

물론 젠더의 차이가 존재하는 현실을 무작정 부정해서도 안 된다. 이는 현실에 엄연히 존재하며, 또한 우연히 그렇게 존재하게 된 것이 아니기 때문이다. 젠더라는 것은 인간의 '심적 구조'가 형성될 때 필연적으로 생겨나게 된다. 적어도 정신분석에서는 그렇게 주장하고 있으며, 저자는 오성悟性을 통해 이와 같은 주장이 타당하다고 믿는다. 여기에서 말하는 오성은 경험과 사실을 통해 논증하는 것이 아닌, 단지 '아무리 생각해도 그럴 수 밖에 없는 것'이라는 의미이다.

그렇다면 다시 한 번 정리해 보자.

사실로서 젠더는 명확히 존재한다. 그러나 젠더는 결코 규범화되어서는 안되며, 또한 이것이 어떤 특정한 기준이나 틀이 되는 것도 가능하면 피하고 싶다. 그렇다면 무엇을 위해 젠더의 차이를 논하는가? 이러한 차이를 논하는 것에 과연 어떠한 의미가 있는 것일까?

저자는 젠더의 기원이 되는 가장 강력한 시스템이 앞서 언급한 헤테로섹시즘(이성애주의)이라고 생각한다. 헤테로섹시즘의 교묘함은 그 무엇보다 강제성이 거의 없다는 점에 있다. 항상 인간은 스스로 그 존재를 깨닫고 경험으로부터 학습하는 방식으로 그 시스템에 참가하게 된다. 그렇기 때문에 (어디까지나 비유적으로 말하면) 정신을 차리고 보니 어느새 자기 스스로가 그 시스템에 속해 있는 것을 발견하게 되는 것이다.

저자에게 있어서 이 책의 목적 중 하나는 헤테로섹시즘의 세력판도를 가능한 한 구체적으로 기록하는 것이다. 이 과정을 통해 우리는 얼마나 많은 제도나 상식이 헤테로섹시즘을 그 기본 전제 하에 두고 성립하는지를 알게 될 것이다. 그렇다면 왜 이것을 이해해야만 할까? 그것은 다름 아니라 우리들이 헤테로섹시즘의 덫에 빠지지 않기 위함이다.

'젠더'는 사회 제도에서 개인의 신체에 이르기까지 거의 모든 분야에 걸쳐서 침투해 있다. '나와는 별로 상관없어 보이는데……' 라고 방심하다가는 생각지도 못한 곳에서 불의의 일격을 당할 수도 있다. 그것은 다름아닌 '성性'이라는 것으로, 이는 타인을 상처 입히기 쉽다. 불의의 일격을 당한 사람은 놀라서 자칫 잘못하다가는 젠더를 너무나 과도하게 현실로 인식하는 우를 범할 수 있다. 이러한 '젠더의 함정'에 빠져 허둥대거나 조바심내지 않도록 하기 위해서도 우리는 젠더에 관한 기본적인 설명서와 같은 소양 정도는 습득하고 있는 편이 바람직하다. 미리 알고 뛰어드는 것과 아무것도 모른 채 뛰어드는 것은 전혀 다르기 때문이다.

다시금 강조하지만 저자는 인간이 헤테로섹시즘에서 벗어날 수 있다고 생각지 않는다. 저자 자신부터가 자신에게 이미 인스톨되어 있는 젠더라는 소프트웨어를 매일매일 이용하고 있으며, 이 것을 통해 고민하고 즐거워하고 있는 현실을 부정할 수 없기 때문이다.

욕망에 상처받지 않기 위해 부정否定을 거듭하다 보면 사람은 간단히 냉소주의에 빠지게 된다. 냉소주의는 방어에는 강력한 위력을 발휘할 수 있을지는 모르지만 자신의 욕망조차도 부정해 버리기 때문에 종종 잘못된 깨달음의 경지를 만들어 내기도 한다. 말하자면 모든 것을 초월한 도인과도 같은 냉소주의가 그것이다.

이와 같은 냉소주의의 문제점은 '자신은 욕망을 부정하는 것을 통해 완전하게 환상에서 벗어났다'는 또 다른 환상(=나르시즘)에 의존하게 되는 데에 있다. 말하자면 이것은 부인否認 즉, '여우와 포도'[6]의 극단적 형태에 지나지 않는다. 극단적인 젠더 부정의 끝에는 냉소주의가 기다리고 있을 뿐이다.

그러나 그렇다고 해서 성性이야말로 모든 것이라는 흔해빠진 극단화도 곤란하다. 그러한 극단화는 일본에서 '전라섹스교단全裸セックス教団'으로 일각에서 유명한 '자인Zyne'[7]이나 누구와도 좋으니 섹스를 해야 한다고 주장하는 '사랑의 가족愛の家族'[8]과 같은 컬트 종교 등으로 변질되기 쉽다. 이러한 류의 컬트화도 역시 젠더를 부정하는 또 다른 극단적 형태임이 틀림없다.

젠더를 다루는 것이 어려운 것은 그것이 우리들의 욕망과 존재

---

[6] 여우와 포도The Fox and the Grapes : 이솝 우화의 하나. 어느 더운 여름날 한 여우가 나뭇가지에 주렁주렁 열린 포도를 발견하게 된다. 여우는 이 포도를 따먹으려고 몇 번이고 뛰어보았으나 너무 높은 곳에 열려 있는 까닭에 닿을 수가 없었다. 이에 여우는 화가 나 '어차피 시어빠진 포도임에 틀림없어. 누가 먹을까 보냐'라고 말하며 그 자리를 떴다라는 이야기.

[7] 자인Zyne: 자인은 독특한 정치사상과 초자연사상을 표방한 주식회사(1989년 4월 설립)로 컬트적이면서 우익적인 성향을 띠고 있는 정치단체이자 종교단체이기도 하다. 옛 명칭으로 「제국帝國」, 「십자제국 자이나스티아十字帝國ザイナスティア」, 「세계제국 후지황국 후지황조世界帝国富士皇朝」, 「후지황조富士皇朝」, 「고대제국군古代帝國軍」, 「은하황조군銀河皇朝軍」 등이 있다.

[8] 사랑의 가족愛の家族, The Family of Love : 사랑의 가족은 패밀리 인터내셔널The Family International의 옛 명칭으로 기독교의 새로운 교단이다. 1968년에 캘리포니아주의 데이비드 브렉David Berg이 창설한 교단으로 도쿄 시부야구渋谷区에 일본지부가 있다. 이 교단은 사랑의 가족 이외에도 신의 아이들The Children of God, 패밀리The Family라는 옛명칭을 갖고 있으며 2004년부터 현재의 패밀리 인터내셔널이 된다. 1974년에는 섹스를 이용하여 신자를 모집하는 이른바 '바람 낚시Flirty Fishing'라고 불리는 복음수단을 채택하는 등, 성적인 활동으로 많은 문제를 불러일으켰으며, 어른이고 아이고 할 것 없이 신자간의 섹스를 권장하는 것으로 유명하다.

자체의 근원에 위치하고 있기 때문이다. 그렇기 때문에 얄팍한 논리로 마치 모든 것을 파악한 것 마냥 우쭐대서는 안 된다. 우리에게 필요한 것은 젠더의 존재와 대립하여 싸우자는 것도 아니며 젠더로부터 도망치는 것은 더더욱 아니다. 스스로 젠더를 쿨하게 이용하는 태도 즉, 컬트화와 냉소주의의 중간지점에서 적당히 갈등할 수 있는 태도를 위한 처방전을 제공하는 것이 바로 이 책의 목표이다.

한편 페미니즘에도 젠더를 인정해야 할 것인가 말 것인가 라는 논의가 존재한다. 저자는 이 점에 있어서 어디까지나 젠더의 차이를 충분히 이해한 뒤에 권리의 평등을 주장해야 한다는 입장을 취하고자 한다. 여기에서 그 하나의 기준이 되는 것이 앞서 언급한 '젠더 센시티브'라고 하는 사고방식이다.

이는 모든 개인이 일방적으로 젠더로 말미암아 불이익을 당하지 않도록 제도나 규범을 조정하는 것을 말한다. 그리고 서로간의 최선의 이익을 위해 평등이 좋은 경우가 있는 반면 오히려 서로간의 차이를 구분하는 편이 좋은 경우도 있다. 이것은 이념이라기보다 오히려 상식에 가깝다고 보는 편이 좋을 것이다.

이와 같은 사고방식은 젠더의 문제에만 해당하는 것이 아니라 다양한 영역에서 존중되어야만 한다. 최근의 사건을 예로 들자면 '표현의 자유'가 갖는 의미는 이슬람교도와 기독교도에 있어서 서로 다르다. 기독교에 대한 풍자만화가 기독교도에게 별다른 영향을 미치지 않는 것과 달리, 이슬람의 풍자만화는 이슬람교도를 심하게 상처 입힌다. 그렇다고 한다면, 우선 이슬람교도를 배려하여 다소간 표현의 자유를 조정할 필요가 있다고 본다. 자유의 원칙을 고수하는 것이 정론일지도 모르지만, 완성도가 그다지 높지도 않은 풍자만화를 위해 누군가의 아픔을 방관하는 행위는 짓궂은 '배제의 논리'처럼 느껴지기 때문이다.

다시 말하면 저자는 이 책에서 젠더의 구조에 관해 적극적으로 언급하고자 하지만, 이것은 결코 개개인을 젠더라는 틀 안에 강제로 쑤셔 넣고자 함이 아니다. 오히려 개개인 스스로가 자신도 모르는 사이에 빠져들기 쉬운 젠더라고 하는 틀의 존재 자체를 인식시키기 위함이다. 그러한 후에 그 틀에 따를지 말지는 본인의 자유인 것이다. 아니, 그렇다기보다 원래부터 틀에 대한 인식 없이는 사람은 결코 자유롭지 못하다고 생각한다.

'자유'라고 하는 것은 새하얀 캔버스에 느긋하게 마음대로 붓을 놀리듯 평화롭고 유유자적하게 실현되지 않는다. 우리가 자유롭기 위해서는 무엇보다 각각의 개인이 '자신이 어떤 식으로 자유롭지 못한가'를 우선 충분히 자각할 필요가 있다. 도로가 없다면 자동차가 자유롭게 달릴 수 없는 것과 마찬가지로, '틀'이 없으면 사람은 자유롭게 살아갈 수 없다. 자신이 살고 있는 틀에 관해 아무것도 모른다는 것은 마치 지도 없이 도로를 달리는 것과 다름없다. 본인 스스로는 자유롭다고 생각할 지도 모를 일이지만, 자신도 모르는 사이에 다람쥐 쳇바퀴 돌 듯 조금도 앞으로 나아가지 못하는 경우가 있다. '마음대로 해라'라는 지시가 종종 역설적으로 '부자유'를 초래하는 것과 마찬가지라고 할 수 있겠다.

젠더는 우리들을 속박하는 그 어떠한 것보다 근원적인 틀 중 하나이다. 그러나 이 틀은 결코 결정론적으로 부여되는 것도 아니며, 선천적으로 불가항력적인 것도 아니다.

이 책에서는 무엇보다 일반적인 젠더의 실상으로서 남녀의 차이를 중심으로 이야기를 진행하고자 한다. 다만 이는 엄밀하게 이야기하자면 현실적인 남녀의 차이는 아니다. 오히려 '이미지로서의 남녀의 차이'가 그 논의의 중심이 될 것이다.

몇 번이고 말했지만 저자의 의도는 마치 기존의 남녀의 차이에 관해 논한 책들의 패러디와 같은 형식을 띠면서도, 최종적으로는 '남녀의 차이'라는 이미지를 해체하는 데에 있다. '소유'와 '관계'의 가설은 이러한 이미지의 지배에서 '젠더'의 개념을 분리하기 위한 해체 장치로서 도입된 것이다.

이와 같은 점을 충분히 인식한 후에서야 비로서 우리들은 '젠더의 리얼리티'를 이해할 수 있게 될 것이다. 무엇을 위해? '욕망'과 '자유'를 위해서이다. 이는 '자유로운 욕망'이자 '욕망하는 자유'라고 할 수 있으며, '욕망으로부터의 자유' 그리고 '자유에 대한 욕망'이기도 하다.

제1장

'젠더 센시티브'란 무엇인가

젠더에 관해서 말한다는 것의 의미

이 장에서는 우선 '젠더Gender'에 관해 생각해 보고자 한다. 프롤로그에서도 설명한 것처럼, 젠더는 생물학적 성별차이인 섹스라는 개념과 대비되는 사회·문화적 성별의 차이를 의미하는 용어라고 한다. '-라고 한다'라는 표현은 이와 같은 정의와는 다른 의견을 갖고 있기 때문인데 여기에 관해서는 차차 자세히 설명하겠다.

젠더라는 말이 널리 퍼지게 된 것은 1970년대에 들어서부터인데, 그 어원은 라틴어의 낳다, 종족, 기원의 의미를 갖고 있는 'genus'라는 단어로 원래 프랑스어나 독일어 등의 남성명사나 여성명사와 같은 문법상의 성별을 의미하는 단어였다. 문법상의 성별은 명사의 성질과는 관계없이 정해지는 것으로 여성스러운 명사라고 해서 반드시 여성명사인 것은 아니다. 즉, 이는 본질과는 관계없이 자의적恣意的으로 정해지는 것이기 때문에 문화적 성별 차이를 나타내는 말로서 '젠더'가 사용된 것이다.

프랑스의 철학자 시몬 드 보부아르[9]의 "사람은 여자로 태어나

---

[9] 시몬 드 보부아르Simone Lucie-Ernestine-Marie-Bertrand de Beauvoir(1908-1986): 프랑스의 작가이며 철학자. 사르트르의 실존주의에 가담함과 동시에 페미니즘의 입장에서 여성해방을 위해 노력했다. 그녀는 소설뿐 아니라 철학, 정치, 사회 이슈 등에 대한 논문과 에

는 것이 아니라, 여자로 만들어지는 것이다."(『제2의 성』(1949))라는 너무나도 유명한 말이 있다. 즉, 인간의 '성性'은 선천적으로 정해지는 것이 아니며 그 모든 것이 염색체나 성기性器에 의해 정해지는 것도 역시 아니다. 갓난아기였던 인간이 사회화 과정에서 획득하는 것이야말로 소위 '남성다움'과 '여성다움'이라는 '젠더'로서의 성차性差인 것이다.

우리들은 남녀의 역할분담에 있어서 상당히 고정된 이미지를 가지고 있다. 이는 옷이나 책가방의 색깔 등을 시작으로 '남자는 바깥, 여자는 가정'이라고 하는 역할분담 및 '남자는 배짱, 여자는 애교'와 같은 성격에 이르기까지, 언제부터인지 모르겠지만 이는 당연한 것처럼 받아들여지고 있는데 이러한 이미지가 바로 전형적인 '젠더'라고 볼 수 있다.

나중에 다시 언급하겠지만, 젠더는 단순히 생물학적인 성차性差라는 차원의 문제로만 볼 수 없다. 물론 생물학적인 요인과 관계가 없다고까지 말할 수는 없는데, 이는 젠더가 사회 및 문화적인 환경 안에서 구성된 것이기 때문이다. 예를 들어 여성의 이상처럼 생각되는 '현모양처'와 같은 이미지는 이것이 생물로서의 여성으로 볼 때 자연스럽기 때문에 정착된 것이 아니다. 오히려 근대 이후의 계몽에 의해 주어진 표상表象이라고 볼 수 있다.

따라서 젠더를 마치 바람직한 성적 역할분담이 존재하는 것처럼 고정적으로 해석하는 것에는 문제가 있다. 이와 같은 해석은 어

세이, 전기, 자서전을 썼다. 그녀는 '초대받은 여자'(1943)와 '레 망다랭'(1954) 등의 형이상학적인 소설을 저술했으며, 1949년에 여성의 억압에 대한 분석과 현대 여성주의의 초석이 된 '제2의 성'을 저술했다.

김없이 여성에게 불리하게 작용하기 마련인데, 이는 종래의 젠더의 형태를 결정해 온 것이 주로 남성이 만들어낸 제도이기 때문이다. 그러한 이상 젠더의 이미지가 남성에게 유리하게 작용하는 것은 당연한 것이다. 물론, 이에 대한 반론도 충분히 예상할 수 있다. 하지만 어쨌든 간에 최근의 남성은 '초식남'[10]이라고 불리며 점점 담백하고 부드러워지고 있기 때문이다. 그에 반해 여성은 점점 '육식녀'[11]화되어 활발하고 터프하게 변화하고 있다. 이와 같은 흐름은 젠더의 형태가 여성에게 유리하게 변화하기 시작했다는 조짐이라고 할 수 있을까?

그러나 이는 결코 사실이 아니다. "요즘 여성은 강해졌다."라고 하는 류의 감상은 "요즘 젊은이들은 야무지지 못하다."는 말과 마찬가지로 근거없이 떠도는 속설과도 같다. 이와 같은 판에 박힌 표현이 여전히 부당한 억압을 받아온 여성의 실체를 계속해서 은폐해 왔던 것은 아닐까 한다.

남성 우위 사회에서는 이와 같은 우위성을 감추기 위해 다양한 측면에서 물타기가 자행되고 있다. 앞서 말한 "요즘 여성은 강해졌다."라는 판에 박힌 표현이 그 전형적인 형태라고 볼 수 있다. 이것은 "제도는 둘째치고 요즘 여성은 이렇게 강해졌으니까 그렇게 일일이 트집 잡지 않아도 되잖아?"라고 하는 논리로 이어지는 것이다. 가부장제의 비판에 대한 반론으로 "각각의 실제 가정의 실권은 주부가 장악하고 있었다."라는 말이 자주 등장하는데,

---

10 초식남草食男: 연애나 결혼 등에 소극적이고 수동적인 남성.
11 육식녀肉食女: 연애나 결혼 등에 주도적이며 적극적인 여성.

이 말에는 무언가 독특한 리얼리티가 들어 있어 왠지 이를 사실인 양 착각하기 쉽다. 그러나 이는 기껏해야 예외적인 사실을 지적한 것에 지나지 않으며 실제를 반증하고 있지도 않다. "개가 사람을 물면 별일도 아니겠지만, 사람이 개를 물면 뉴스가 된다."는 것과 마찬가지로, "여성이 강해졌다."라는 표현이 성립하는 한 실제로 여전히 여성은 억압되어 있다고 보는 것이 타당할 것이다.

페미니즘이라는 것은 이와 같은 젠더의 본연의 모습에 대한 비판이기도 하다. 섹스는 비판할 수 없지만, 젠더는 비판할 수 있다. 왜냐하면, 젠더는 인위적으로 만들어진 것이기 때문이다. 이와 같은 젠더의 억압이나 속박에서 여성을 해방하는 것이야말로 페미니즘의 주된 목적 중의 하나이다.

그리고 이와 같은 사고방식을 통해 젠더에 관해 언급하는 것은 필연적으로 정치적인 태도가 뒤따라올 수 밖에 없다. 따라서 저자는 여기에서 자신의 정치적 입장을 확실히 해 두고 넘어가고자 한다.

'들어가며'에서 언급해 두었던 것처럼 '젠더'에 관한 저자의 입장은 어디까지나 젠더의 정신분석적 이해에 그 기반을 두고 있다. 그리고 개개인이 젠더로 인해 상처받거나 불리한 입장에 처하는 것에 반대한다. 다만, 페미니즘 측의 정신분석에 대한 비판도 나름대로 이해하고자 한다. 그렇기 때문에 굳이 말해두는 것인데, 저자는 정신분석과 페미니즘이 본질적으로 궁합이 잘 맞는다고 확신한다. 따라서 저자의 입장을 종래의 분류에 따라 규정한다면, 비교적 비주류인 정신분석적 페미니즘이라고 할 수 있겠다.

그렇다면, 정신분석은 어떤 '비판'에 직면에 왔던 것일까?

페미니스트들은 원래부터 정신분석의 시조라고 할 수 있는 프로이트에게는 '젠더'에 대한 섬세한 배려가 전혀 없었다라고 말한다. 예를 들어 프로이트는 그 악명 높은 '남근선망=penis envy'을 모든 여성에게 강요했다는 점을 들 수 있다.

모처럼 히스테리의 원인이 어린 시절의 성적학대로부터 올 수 있다는 것을 발견했음에도 불구하고, 그의 단골인 사교계의 눈치를 봤는지 그 발견을 없었던 것으로 하려고 했다. 심지어 학대의 경험을 '심적 현실' 등의 환상으로 취급함으로써, 이를 피해자의 망상으로 간주하여 가해자에게 면죄부를 주고자 했다. 그렇다면 프로이트의 충실한 제자를 자칭하는 프랑스의 정신분석가인 자크 라캉은 어떨까? 유감스럽게도 라캉은 프로이트와 비교할 수 없을 정도로 더욱더 형편없다. 당치않게도 라캉은 "성적 관계는 존재하지 않는다." 혹은 "여자는 존재하지 않는다."라는 말을 입에 올리기까지 했다.

그뿐만 아니라, 라캉은 언어학 용어를 정신분석에 도입했는데, 그것은 바로 여러 언어의 기원에는 팰러스phallus(추상적 음경)가 있다고 하는 극단적인 남근 중심주의Phallocentrism였는데, 그 결과 모든 '말하는 행위'가 남성적 행위가 되고 말았다.

요컨대 정신분석학이라는 '학문'은 계속해서 여성을 소외시켜왔다. 그들은 여성의 존재를 거부하고 여성에게서 언어를 빼앗았으며, 여성을 남성에게는 허락되지 않은 향락을 가진 불가사의한 존재로 추켜세워 결과적으로 여성을 타자의 위치로 소외시켜온 것이다.

이상이 페미니즘 측으로부터 정신분석에게 쏟아지는 문제제기라고 할 수 있다. 저자는 이 모든 것이 오해이며 틀린 것이라고는 생각지 않는다. 다만, 이와 같은 비판이 있다는 것을 알면서도 저자는 정신분석의 입장을 견지하고자 한다. 그 이유에 관해서는 마지막 장에서 분명히 할 것이기 때문에, 이 장에서는 우선 젠더를 어떻게 생각하고 있는가에 관해서 확실히 해 두고자 한다.

젠더 프리Gender-free

다소 혼란스러울지도 모르겠지만, 우선 지금까지 언급해 왔던 젠더라는 단어의 사용법이 실제로는 정확한 것이 아니라는 점을 언급하고자 한다.

시카고대학의 페미니스트 야마구치 토모미山口智美에 따르면, 일반적으로 사용되고 있는 젠더의 의미인 '사회·문화적 성별차이'는 오역이라고 한다.

> '젠더'의 정의에 관한 혼란의 원인을 생각해 보자면, 무엇보다 용어가 도입될 당시 젠더의 정의가 '사회·문화적 성별차이性差'라고 오역되었던 것에 문제가 있었다고 생각한다. 영어에서 말하는 '젠더'는 '성별 차이'가 아닌, '사회·문화에 있어서의 성性의 실체'라는 의미였던 것이다. 따라서 진정으로 문제가 되는 것은 젠더 간의 관계와 그를 둘러싼 권력의 움직임이다.
> -야마구치 토모미山口智美, 「『젠더프리』 논쟁과 페미니즘 운동의 잃어버린 10년」, 『백러쉬』, 소후샤双風舎(2006)

그리고 야마구치山口는 '성별 차이[性差]'가 오역인 것과 마찬가지로 '성별性別'도 바람직하지 않다고 언급했는데, 이 단어가 너무나도 '구분 짓는 것'에 초점이 맞추어져 있기 때문이라고 한다. 그렇다면 '성性의 실체'와 '성별 차이'는 어떻게 다른 것일까?

무엇보다 '성별 차이' 혹은 '성별'이라는 단어는 이원론적으로 이내 여성과 남성을 연상시킨다. 그러나 '성性의 실체', 즉 '성의 존재방식'은 헤테로hetero(이성애異性愛)뿐만 아니라, 게이나 레즈비언 혹은 트랜스젠더 등과 같은 성적 소수자에 관해서도 포괄적으로 다룰 수 있다. 원래부터가 '젠더'라는 말은 이처럼 폭넓고 의미심장한 말인 것이다. 그래서 이 책에서도 '젠더'를 기본적으로 야마구치山口가 말하는 '사회·문화에 있어서의 성性의 실체'라는 의미로 사용하고자 한다.

젠더의 성립을 어떻게 생각할 것인가에 관해서는 이 장章의 말미에 다소나마 언급하겠지만 그 전에 확실히 해 두지 않으면 안 될 것이 있다. 일본에 있어서 젠더[12]는 원래부터 다소 생소한 말이었다. 아마도 '젠더 프리'[13]라는 말과 함께 널리 알려지지 않았나 생각된다.

1979년 UN총회에서 여성차별 철폐조약이 채택됨에 따라 종래의 남녀의 고정적인 성역할의식性役割意識(≒젠더)을 넘어, 남녀가 공동으로 참여하는 사회 실현이 UN의 목표 중 하나가 되었다. '남녀

---

12 젠더Gender: 사회적 의미에서의 성性. 1995년 5월 북경 제4차 여성 대회에서 생물학적 의미의 성Sex 대신 새로 쓰기로 결정한 용어로 남녀 간의 대등한 관계를 내포하고 있다.
13 젠더 프리Gender-free: 젠더 프리는 차별이 없는, 즉 참여하는 사람들의 성별에 관계없이 제공되는 서비스나 주어진 활동을 정의하는 용어. 젠더 블라인드Gender-blind, 성중립性中立라고도 한다.

공동 참여'라는 난해한 말을 들어본 적이 있는 사람도 적지 않을 것이다. 참고로 이 말은 영어로 하면 'gender equality'이므로, 개인적으로는 남녀평등이라 번역해도 충분하지 않았나 생각한다.

어찌되었거나 이와 같은 흐름 속에서 일본도 남녀가 공동으로 참여하는 사회의 실현을 목표로, 2001년에 내각부內閣府에 남녀공동참여국男女共同參劃局을 설립하는 것을 시작으로 각 정부 부서에서부터 자치단체에 이르기까지 같은 부서를 설립했다. 이와 같은 부서의 목표는 '여성의 경제적 자립'이나 '저출산 대책' 등을 들 수 있다.

젠더 프리라는 말은 이와 같은 사회적인 흐름 속에서 사용되기 시작했으나, 유감스럽게도 이 말이 널리 퍼지는 과정에서 많은 오해가 생겨버렸다. 이 말이 불러일으킨 불행한 운명에 관해서는 앞서 언급한 야마구치山口가 자세히 논했는데, '젠더 프리'라는 말은 지극히 일본 특유의 의미로 사용되어왔다는 점에서 일본식 영어라고도 볼 수도 있다(심지어 이 용어가 완전히 일본제라고 단정짓는 학자도 있다). 원래부터 미국의 교육학자 바바라 휴스턴이 사용하기 시작한 말로, 이는 '젠더의 존재를 의식하지 않는 것'이라는 정도의 의미만을 갖고 있었다. 게다가 이는 긍정적으로 사용된 말이 아니었다. 휴스턴의 입장은 '젠더 프리'보다는 항상 젠더로 인해 생겨나는 차별이나 격차에 민감한 시선(젠더 센시티브)을 가지고 교육에 임해야 한다는 의미에서 이 말을 사용했다.

따라서 일본에서 '젠더 프리'가 '젠더로부터의 해방을 지향하는' 사상이나 운동이라는 의미로 사용된 것은 본래의 의미에서 한참이나 동떨어진 오용誤用이라고 볼 수 있다. 참고로 이와 같은 사상을 영어권에서는 '젠더 이퀄리티Gender Equality 운동'이라고 한다.

남녀의 사이에서 성性의 실체는 서로 상이한데, 이와 같은 차이를 젠더라고 부른다면, '젠더'는 실제로 존재하는 것이 된다. 그러나 이러한 의미의 '남성다움'과 '여성다움'이라는 것이 존재한다 하더라도, 이를 제도나 권력이 개인에게 억지로 강요해서는 안 된다. 이것이 저자가 이해하는 최소한의 '젠더 프리'라고 할 수 있다. 그러나 나쁜 의미로서의 '젠더 프리'는 종종 '차별의 완전한 철폐(젠더리스)'나 '남녀평등의 획일적인 강요'로 잘못 인식되었고, 결국 많은 비판을 받게 된다.

예를 들어 일본의 일부 교육현장에는 거의 강박에 가깝게 남녀평등을 목표로 삼아왔는데, 그 중 일부는 떠도는 소문이라고 밖에 생각되지 않는 것도 있으니 그 예시는 대략 다음과 같다.

모든 학교의 남녀공학화, 남녀 혼합 출석부, 남녀 겸용의 반바지 체육복, 남녀 공용 탈의실, 남녀 동색同色의 책가방, 그리고 생식기가 달린 인형을 사용한 과격한 성교육이나 히나 마츠리[14]와 코이 노보리[15] 등의 성별을 연상시키는 전통행사의 철폐 및 젠더의 고정화를 초래하는 노래나 옛날 이야기의 금지 등등.

사실관계를 떠나서 이와 같은 정책 및 방침은 강압적인 젠더리스의 강요라는 차원에서 바람직하지 않다고 생각한다. 사회 안에서 살아가고 있는 아이들에게 있어서 '젠더'는 이미 일상적으로

---

14 히나 마츠리ひな祭り: 매년 3월 3일, 층층의 제단에 공주와 왕자 등의 작은 인형으로 장식하고, 감주, 떡, 복숭아꽃 등을 차려놓고 여자아이의 행복을 비는 일본의 전통 행사.
15 코이 노보리鯉のぼり: 매년 5월 5일 단오 날, 색색의 종이나 천 등으로 잉어 모양을 만들어 긴 장대에 깃발처럼 높이 달아 나부끼게 하는 것으로, 남자아이의 출세와 건강을 기원하는 것을 목적으로 하는 전통 행사.

존재하는 현실이다. 그러나 현실에 분명히 존재하고 있음에도 불구하고, 학교라는 공간 안에서만 이것을 철폐하고자 한다면 어떻게 될까? 아이들은 젠더 프리를 배우기는커녕, 오히려 은연중에 교사들이 기를 쓰고 젠더를 억압하고 은폐하고자 하는 모습 자체를 배우게 된다. 사실, 세상을 살아가는 데에 있어서 '위선' 혹은 '명분과 본심이 다른 경우도 있다'는 것을 배우는 것도 중요한 일일지도 모른다. 하지만 굳이 학교가 나서서 이것을 가르칠 필요까지는 없지 않나 생각한다.

이러한 비판에 일본의 내각부內閣府는 '젠더 프리'라는 말이 바람직하지 않다는 견해를 발표했으며, 이는 사실상의 젠터프리라는 용어의 사용금지 통보로 받아들여져 실제 교육 현장에서 많은 혼란을 야기했다.

유명한 일화로서 2006년 1월에 도쿄도東京都 코쿠분지시国分寺市가 인권학습 강좌의 강사로 우에노 치즈코上野千鶴子씨를 초빙하고자 했던 것이 중지된 '사건'이 있다. 도쿄 교육청이 젠더 프리 라는 바람직하지 않은 용어를 사용할 우려가 있다는 것을 구실로 간섭을 해 왔던 것이다. 이 때, 도쿄도의 주장은 "(젠더 프리는) 남성다움이나 여성다움 양쪽 모두를 부정하는 의미로 사용되는 경우가 있다." 따라서 이와 같은 강연은 바람직하지 않다는 것이었다. 아무래도 도쿄도는 우에노上野의 강연 목적이 젠더 프리를 비판하고자 하는 데에 있었다는 사실을 몰랐던 듯 싶다.

'젠더 프리'를 추진하든 금지하든지 간에 여전히 공무원들이 하는 일이란 좌우지간 앞뒤가 꽉 막혀 있다는 감상은 둘째치고, 이러한 '젠더 프리의 일률적인 금지'의 배경에는 명백한 반동적

反動的(반작용)인 발상이 영향을 미치고 있다고 생각하지 않을 수 없다. 즉, '젠더 프리'라는 말을 핑계삼고 있지만 결국 그 본심은 "남녀평등 자체가 바람직하지 않다."고 말하고 싶은 것은 아닐까? 라는 의문을 지울 수 없는 것이다.

'백러쉬'의 본질

독자들은 '백러쉬'라는 말을 알고 있는지 모르겠다. 이 단어는 다양한 의미를 갖고 있으나 최근 일본에서 '남녀 공동참여'나 '젠더 프리' 정책에 대한 반작용反作用 혹은 반동反動을 가리키는 말이다.

젠더 프리를 옹호하는 이들의 가상의 적 중 하나는 '백러쉬'라고 할 수 있다. 백러쉬 일파는 절대 노골적인 남녀차별은 하지 않는다. 다만, 남녀는 각각의 성性에 어울리는 자연스러운 삶을 살아야 한다고 설교할 뿐이다. 얼핏 보기에 소박하고 자연스럽게 보이기 때문에 이를 지지하고 옹호하는 사람도 적지 않다.

미움 받을 각오로 말하자면 그들의 논리는 너무나도 소박하기 짝이 없기 때문에 대놓고 비판하고 싶은 마음조차 생기지 않는다. 게다가 다소간에 비판을 가한다 치더라도, 그들은 생각을 바꾸기는커녕 한층 더 그들의 논리에 집착할 뿐이라는 것도 잘 알고 있다. 다만 곤란한 점은 그들의 논리가 윤리보다는 감정에 호소하고 있기 때문에 오히려 설득력을 얻고 있다는 사실이다. 그들은 종종 불안과 공포를 이용하여 사람들을 선동하기 때문에 순진한 사람은 순식간에 설득당하고 만다. 따라서 저자는 그들의 이야기에 혹하기 쉬운 사람들을 위해 백러쉬에 대한 비판을 확실히 해 두고자 한다.

예를 들어, 우선 백러쉬 일파 중에도 상당한 영향력이 있는 니시오 칸지西尾幹二와 야기 히데츠구八木秀次의 말을 살펴보고자 한다.

니시오西尾는 공저 『신 국민의 방심新 國民の油斷』(PHP연구소, 2005년)의 말미에 다음과 같이 쓰고 있다.

남성이 여성보다 우수한지 아닌지의 문제가 아니다. 남녀의 사이에는 우열의 차이 따위는 존재하지 않는다. 다만, 여성은 여성이라고 하는 생리적 숙명을 타고났으며, 이 점을 전제로 생각하지 않으면 안 된다. 남성도 역시 남성만이 갖고 있는 생리적인 숙명을 타고났다.

여기에서는 '생리적 숙명'이라는 말을 잘 기억해 둘 필요가 있다. 남녀의 신체적 성별 차이, 즉 섹스를 전면 긍정하는 논리는 분명히 자연과학적으로는 정당한 것임에도 불구하고, 여기에 가치관이 개입되면 어찌된 일인지 오컬트[16] 쪽으로 치우치기 쉽기 때문이다.

백러쉬 일파의 발언은 거의 예외 없이 생물학적인 성별 차이를 중시한다. 인간의 남성다움나 여성다움은 신체적 차원에서 결정되는 것이기 때문에 '젠더 프리'라고 해 보았자 변하는 것은 아무것도 없다. 각각의 개인이 스스로의 신체성을 받아들이고 어디까

---

[16] 오컬트occult: 과학적으로 해명할 수 없는 신비적·초자연적 현상. 또는 그런 현상을 일으키는 기술.

지나 자연체自然體로서 살아가지 않으면 안 된다. 그들은 거의 예외 없이 이와 같이 주장한다. 그들의 전형적인 논리는 이와 같다. 예를 들어 많은 여성은 결혼하여 아이를 낳는 것을 행복으로 여기는 것이 사실이다. 그렇기 때문에 모든 여성은 빨리 결혼해서 아이를 많이 낳아야 한다. 이렇게 비약적飛躍的이기 그지없는 논리는 과연 어떠한 결론으로 향하고 있을까?

예를 들어 공동 저술자인 야기 히데츠구八木秀次는 여성 천황 용인론에 대한 비판에서, 남성이 천황이 되지 않으면 진무천황[17] 이래 대대로 이어져 온 'Y염색체'의 계통이 끊어져 버린다는 논리를 전면에 내세운 적이 있다. 이러한 주장은 역대 천황의 신체를 단순히 염색체를 담는 용기로 취급하는 것으로 그들의 논리가 얼마나 자가당착에 빠져 있는가를 알 수 있게 한다. 보수 논단의 사람들은 천황제를 너무나도 좋아한 나머지 때때로 말도 안 되는 불경스러운 발언(예를 들어 "마사코 황태자비雅子妃[18]는 꾀병이다." 라는 등)을 내는 경우가 종종 있는데, 이처럼 어이없는 발언은 지금까지 들어본 적이 없다. 신체성과 가치관이 결합할 경우 어떤 일이 일어날지는 이 일화만으로도 충분히 이해할 수 있을 것이다. 이들을 아주 최대한 호의적으로 해석했을 때에 한정되는 이야기겠지만, 보수주의자들은 전통의 무근거성을 매우 중시한다. 신체성을 근거도 없이 신뢰하고 있는 그들의 주장은 그들 나름대로는

---

17 진무神武 천황: 일본의 초대 천황. 즉, 일본의 개국.
18 마사코 황태자비: 일본의 황족으로, 황태자 나루히토德仁의 친왕비親王妃로 1963년 12월 9일생. 황태자와 결혼하기 전에는 일반인이었으며, 결혼 전의 이름은 오와다 마사코 小和田雅子.

일관성을 유지하고 있다고 할 수 있지만 여전히 꼴불견이 아닐 수 없다.

야기八木의 논의에 있어서의 문제점은 2장에서 다시 한 번 다루도록 하겠다. 이와 같은 백러쉬의 사고방식은 비록 일부의 사람들에게 한정되어 있지만, 이것이 유행하는 배경에는 역시 '젠더 프리'라는 말이 초래한 불행한 역사와 관련이 있다. 아닌 게 아니라, 요즘 세상에 남녀평등에 정면으로 반대할 수 있는 사람은 그리 많지 않을 것이다. 하지만 아무리 '올바른 일'이라고 해도 너무나 급진적으로 추진하면 그에 대한 반작용도 그만큼 커지게 마련이다.

그러한 까닭에, 우에노 치즈코上野千鶴子도 지적했던 바와 같이 '젠더 프리'라는 말은 페미니즘의 아킬레스건이었다. 페미니스트의 내부에서도 이 말을 둘러싸고 대립이 있어왔으며 백러쉬 진영은 그 틈을 놓치지 않고 파고들었다. 사실 그들이 전략적으로 약점을 이용했다고 생각하기는 어렵지만 결과적으로는 그렇게 되어 버렸다.

그들은 앞서 언급한 바와 같이 남학생과 여학생을 한 교실에서 옷을 갈아입게 한다거나 같은 방에서 숙박을 시키는 등의 강압적인 남녀평등 교육이나 과격한 성교육 등의 극단적인 예를 들어 '젠더 프리는 이렇게 문제가 많다'는 인상을 조작해 내고자 했다. 즉 젠더 프리의 오용례를 두들기는 것을 통해, 그것에 포함되어 있는 건전한 가치마저 부정하고자 했던 것이다. 그렇다면 여기서 다시 한 번 '생리적 숙명'이라는 말을 떠올려 보자. 미사고 치즈루三砂ちづる라는 학자가 있는데, 전문 분야는 역학疫學인 듯 하지만 베스트셀러가 된 그녀는 『마귀할멈화 되는 여성들』(코분샤신서光文社

新書, 2004)로 일약 유명인사가 되었다. 이 책은 소위 신체성의 회복을 주장하기 위한 책으로, 그 중에서 유명한 몇몇 구절을 인용해 보고자 한다.

> 사회에서 적절한 역할을 부여 받지 못한 갱년기 여성은 마귀할멈이 된다.
> 누구라도 좋으니 결혼해서 아기를 낳아야 한다.
> 자궁을 빈집으로 두어서는 안 된다.
> 생리전의 긴장은 어찌할 수 없는 난자卵子의 슬픔이다.

그녀가 자신을 일부러 이와 같은 '캐릭터'로 꾸미고자 한 것인지, 단지 '순진한' 것인지는 알 수 없지만, 어쨌거나 이러한 주장의 정당성이 역학적疫學的으로 증명되었다고는 도저히 생각할 수 없다.

이와 같은 '신체성身體性'에 관한 논리가 지향하는 목표에는 말하자면 사이비 과학자, 다른 말로 의사과학자擬似科學者들의 주장과 마찬가지로 감정에 호소하는 일종의 '소박함'이 자리잡고 있다. 그녀의 주장은 많은 백러쉬 일파의 논리와 마찬가지로 학문적으로 검증이 된 것은 아니지만, 그 특유의 '소박함'에서 오는 '강력한 설득력'을 통해 일부의 사람들에게 강한 공감을 불러일으켰다.

이 책에 관해서 카야마 리카[19]도 그녀의 저서 『요즘 세상의 상식』(이와나미신서岩波新書, 2005)에서 다음과 같이 비판하고 있다.

---

[19] 카야마 리카香山リカ(1960-): 정신과 의사, 임상심리사, 평론가, 점술가 등 다양한 직업을 갖고 있으며 릿쿄대학立教大学 현대 심리학부 영상심체학과 교수이기도 하다. 본명은 비공개.

그녀는 "아무리 '신체가 발하는 목소리'에 귀를 기울이고자 해도, 그러한 목소리 따위가 전혀 들려오지 않는 여성들(본인을 포함해서)에 대한 배려나, 여러가지 이유로 인해 임신과 출산이 불가능한 여성에 대한 마음씀씀이가 손톱만큼도 없다."라고 비판했다.

이러한 경우를 너무 많이 목격한 탓인지, 저자는 '신체성'이라는 말에 상당히 신경을 곤두세우지 않을 수 밖에 없다. 신체성의 복권을 주장하는 이들의 말은 열이면 열, 보수의 문맥이며 그것도 가장 몰지각한 타입의 보수적 발언인 경우가 많기 때문이다. 저자는 신체성을 전면적으로 긍정하는 것은 어엿한 이데올로기 즉, '정치적 주장'이라고 생각한다. "신체는 모두가 갖고 있는 것이기 때문에 남녀 사이에서 중립적이다."라는 그들의 논리는 망상에 지나지 않는다. 그렇다면 젠더에 관한 논의에 신체성을 전면적으로 긍정하는 사람들이 참가한다면 어떤 일이 일어날까? 두말할 것도 없이 그들은 성별차이는 생물학적인 구별에 의해 결정되는 것이기 때문에, 젠더는 환상에 지나지 않는다고 말할 것이다.

그러나 여기에 저자가 한마디 하자면, 그들이 철썩같이 믿고 있는 신체성이야말로 전형적인 망상에 지나지 않는다. 마지막 장에서 다시 한 번 언급하겠지만, 신체가 얼마나 상상과 망상에 투영되기 쉬운가를 폭로하는 것이 바로 정신분석이다. 저자가 이러한 입장을 고수하는 이유 중의 하나가 바로 여기에 있다. 정신분석적인 입장을 취하지 않으면 우리들은 '성적인 신체'의 속박에서 좀처럼 벗어날 수 없게 된다. 그 정도로 우리들에게 있어서 신체라는 것은 '실재하는 환상'의 영역이기 때문이다.

그런데 최근 신체론이라고 하면 뭐니뭐니해도 우치다 타츠루[20]의 이름을 가장 먼저 떠올리지 않을 수 없다. 그는 프랑스 현대사상의 흐름을 엮어 레비나스[21]나 라캉의 계몽서들을 저술하거나 독특한 시점에서 사회문제에 관해 논한 학자로, 특유의 경쾌한 필치와 발상으로 많은 인기를 얻고 있다.

우치다 씨는 무도가武道家이며 합기도와 검도의 달인으로, 그에 관한 저서도 많다. 그러한 이유에서인지 우치다의 사상의 기본도 역시 신체론이다. 그가 앞서 언급한 미사고三砂씨와 함께 저술한 『신체지身体知』(파지리코パジリコ, 2006)는 얼핏보면 다른 듯도 싶지만, 실제로는 전형적인 백러쉬 성향의 책이다.

원래부터 우치다 씨는 반페미니즘을 표방하고 있었기 때문에, 그런 면에서는 일관적이라고 볼 수 있다. 하지만, 우치다 씨가 저술한 「내가 페미니즘을 싫어하는 이유」[22]를 보면 알 수 있듯이 그의 비판은 '페미니즘'의 본질을 전혀 이해하지 못하고 있다. 이 글은 말하자면, 자신의 주장의 정당성에 의문을 품지 않는 우물안 개구리식의 '정의의 사도'를 비판하고 있을 뿐이다.

그런데 놀랍게도 무라카미 하루키村上春樹도 역시 그의 소설에서 우치다씨와 거의 마찬가지의 논리를 펴고 있다. 『해변의 카프카』(신쵸샤新潮社, 2002)에서 카프카 소년이 몸을 의탁한 타카마츠高松

---

[20] 우치다 타츠루内田樹(1950-): 일본의 사상가, 에세이스트로, 이전 프랑스 문학 연구 및 번역에 종사했다. 현재 코베조가쿠인神戸女学院 대학 문학부 종합문화학과 교수.
[21] 에마뉴엘 레비나스Emmanuel Levinas(1906-1995): 리투아니아 출신의 유태인으로 프랑스의 철학자이며 탈무드 학자. 현상학과 실존주의 유태사상을 배경으로 한 독자적인 논리학 사상을 전개했다.
[22] http://www.tatsuru.com/columns/simple/01.html(저자 주)

의 코무라기념도서관甲村記念図書館에 두 명의 페미니스트로 보이는 여성이 방문하는 에피소드가 바로 그렇다고 할 수 있다.

그녀들은 도서관의 설비를 자세하게 체크한 뒤 '화장실이 남녀 공용이 아님', '분류카드에 남자가 여성보다 앞에 표기되어 있음' 등의 다소 억지스런 트집을 잡는다. 성동일성장애(즉 신체는 여성이지만 정신은 남성)[23]를 가진 도서관의 사서司書 '오시마大島'는 그녀들을 비판하며 다음과 같이 말한다. "내가 그보다 더 지긋지긋해 하는 것은 상상력이 결여된 사람들이야. (중략) 상상력이 결여된 그 옹졸함, 제 멋대로 폭주하는 명제, 공허한 용어들, 찬탈된 이상, 경직된 시스템, 내가 정말로 두려워하는 것은 바로 이런 것들이지. (중략) 상상력이 결여된 그 옹졸함은 기생충과도 같아. 숙주를 바꾸며 형태를 바꾸면서까지 계속되는거야. 이런 것들에는 희망이 없어."

저자는 무라카미 하루키의 팬이지만서도, 이 사서의 성정체성에 대한 설정은 다소 비겁하지 않나 생각한다. 위와 같은 '오시마'의 비판에 강한 설득력이 실리는 것은 '그'가 여성의 몸을 갖고 있기 때문이다. 즉, '오시마'는 FTM(Female to Male; 여성에서 남성으로 성전환)이라고하는 가혹한 젠더의 숙명과 싸워온 사람이다. 따라서 그의 그와 같이 중후한 이력 앞에서는 이처럼 어정쩡하고 천박한 페미니스트의 주장 따위는 상대가 안 된다는 뉘앙스가 언뜻 언뜻 보이는 것이다. 저자가 문제시 하는 것은 '오시마'의 주장 자체가 아니라 경직된 시스템의 대표로서 페미니즘을 꼭 집어서 비난한

---

[23] 성동일성장애性同一性障碍, Gender Identity Disorder: 자신의 생물학적 성과 성역할에 지속적으로 불편함을 느끼고 반대의 성이 되기를 소망하는 것으로 성주체성장애라고도 한다.

작가의 선택이다. 예를 들어 마르크스주의나 관료주의를 비판해도 될 것을 왜 굳이 페미니즘을 선택했어야 했는가에 관해서는 의문이다. 저자는 여기에서, 생각지도 못한 형태로 하루키씨의 여성혐오Misogyny를 발견하게 된 듯한 느낌이 들어 불편했다.

저자가 무라카미 하루키의 예를 든 것은, 얼핏 보기에 정치적 중립을 표방한 듯한 말들에도 알게 모르게 이와 같은 형태의 여성혐오가 섞여들기 쉽다는 것을 익히 알고 있기 때문이다. 다시 본론인 『신체지身体知』로 돌아가서 다음과 같은 대화에 관해 생각해 보도록 하자.

> 미사고三砂: (대화할 수 없는 신체에 관해서 다른 발언자의 의견을 긍정적으로 인용하면서도) 치한은 두말할 것도 없이 저지르는 쪽이 나쁘지만, 당하는 쪽도 '싫다'라는 의사표현을 제대로 하지 못하고 있습니다. 직접 입으로 표현하지 못하는 것이 어쩔 수 없다고 쳐도, 몸으로도 '싫다'라고 하는 의사표현을 하지 못하는 것은 문제라고 봅니다.
>
> 우치다内田: (억울하게 치한으로 몰린 피해자에 대해) 그런 사람들은 실제로 치한행위를 하지 않았지만서도, 어딘가 신체 접촉에 둔감한 것은 아닌가 생각합니다. (중략) 치한 행위라고하는 것은 단순히 신체 접촉 자체만이 아니라, 전체적인 문맥 속에서 그것을 어떻게 처리할 것인가에 관한 사후처리까지도 포함해 고려해야만 하는 것이라고 생각합니다.

여기서 읽어낼 수 있는 것은 다양한 '신체론'의 배경에는 '신체의 정치성'에 대한 둔감함 혹은 무시가 존재한다는 점이다. 위 대화는 치한행위에 관한 부분만으로도 충분히 문제시 할 만 하지만, 그보다 더욱 문제가 되는 것은 그들의 발언이 악용될 소지가 다분하다는 점에 있다. 예를 들어 '치한행위'에 '성추행'이나 '강간' 혹은 '성적 학대' 등을 대입해 보자. 그 결과 그 모든 범죄가 '전체적인 문맥 안에서 생각해보아야 할 행위'로 변질되어 버리는 것을 알 수 있다. 왜냐하면 '문맥' 여부에 따라 그와 같은 모든 행위가 '친밀함의 표현'이라는 변명으로 무마될 수 있기 때문이다. 그리고 한걸음 더 나아가 바로 이 '문맥'의 해석을 좌우하는 것이야 말로 정치적인 역학관계 혹은 권력관계이기 때문이다.

군이 푸코의 생정치[24]나, 환경관리형 권력(혹은 환경관리 시스템)이라는 말을 꺼낼 것까지도 없다. 마음의 관리와 비교해 보자면, 신체의 관리는 비교할 수 없을 만큼 쉽다. 때문에 우리들은 '신체

---

[24] 푸코의 생정치生政治: 푸코는 근대국가의 권력의 성격의 변질에 대하여 '생권력'이라는 개념을 통해 설명하고 있다. 즉 신민·민중의 '생'을 장악하여 반대자를 죽이려고 하는 군주(지배계급)라는 '죽이는 권력'은 근대사회에서 노동력 및 납세자가 되는 민중을 살리고자 하는 '살리는 힘 즉, 생권력'으로 변화했다는 것. 인권사상이 보급된 근현대사회의 경우, 공중위생과 복지제도, 의료기술을 통해 '노동력·납세자로서의 국민'을 살리려는 '생권력'이 생성되고 복지국가 건설에 의해 국민의 생명을 관리 및 이용하려고 하는 '생정치'가 확립되어 간다. 따라 현대사회의 새로운 권력시스템은 '억압적인 권력'이 아니라 '보호적인 권력'으로서 그 모습을 나타내고 '의료·복지·교육·사회보장번호' 등에 의해 국민(민중)을 완전히 관리통제해 간다. '생권력'은 국민의 생명이나 안전을 지킨다고 하는 대의명분을 내걸면서, 환경관리시스템으로서 개인을 완전히 사회 및 권력시스템의 내부에 편입시켜 '개인의 반항·이탈의 의지' 그 자체를 눈치 채기 전에 강탈해 버린다. 개인은 환경관리형 시스템에 의해 '시스템적인 생'을 부여받고 관리되지만, 생정치가 행해지는 현대사회에서는 시스템의 외부로 개인이 벗어나는 것은 원리적으로 불가능하고 '사회시스템의 일부'로서 사는 이외의 선택지를 부여받지 못한다.

의 정치성'을 철저하게 경계할 필요가 있다.

그들뿐만 아니라 백러쉬 진영에서 종종 주장하는 것은 '자연스러운 신체성'의 복권이다. 그러나 계몽에 의해 '자연스러운 신체성'을 회복한다는 행위는 그 자체에 모순을 내포하고 있다. 애당초 자연스러움이 그렇게 좋다면 말할 필요도 없이 방임이 가장 좋지 않은가?

참고로, 이와 같은 류의 '자연스러운 신체성'이야말로 픽션이라는 것을 최초로 발견한 사람이 프로이트이다. 그는 '히스테리'에 관한 임상臨床에서 이를 발견했는데, 이에 관해서는 4장에서 다루기로 한다.

이와 같이 백러쉬 진영의 논의에는 논리적이라고 할만한 것이 거의 없다. 그러나 다시 한 번 말하지만, 여기에는 많은 사람들의 '일반적인 감각'에 호소하는 '소박함'과 '알기 쉬움'이 있다. 논리보다 감정에 호소하며 종종 불안과 공포를 환기시키는 그들의 논의는, 실로 사람들의 '신체성'에 직접 호소하고자 한다. 하지만, 이와 같이 '신체의 정치성'을 생각하는 계기라는 측면에서 생각해 보면, 백러쉬라는 '현상' 혹은 '증상' 자체도 역시 흥미로운 부분이기도 하다.

젠더는 인간의 본질인가

지금까지의 논의에 입각하여 젠더에 관해 다시 한 번 생각해보고자 한다. 생물학적인 섹스와 달리 사회적, 문화적으로 형성된 젠더가 존재한다. 하지만, 앞서도 언급한 대로 아무래도 이와 같은 설명만으로는 충분치 않다. 까다롭게도 섹스와 젠더의 관계는 이보다 더 복잡하다.

> 젠더 이론에 따르면 '섹스'도 '젠더'의 한 종류이거나 혹은 '젠더'에 의해 '섹스'가 만들어진다고 하는 경우가 있다. 이는 다시 말하면, 섹스와 젠더의 구분(무엇이 생물학적으로 결정되고 무엇이 사회적, 문화적으로 형성되는가)도 역시 사회적, 문화적으로 형성된다는 인식이며, 그렇기 때문에 둘의 구분은 절대적인 것이 아니라는 사고방식에 기반을 두고 있다. 이와 같은 정의에서 '젠더'라는 것은 단순히 '성별'을 형성하는 하나의 요소가 아니라, '성별'과 관계하는 우리들의 인식 전체를 포괄하는 것으로 이해할 수 있다.
> -코야마 에미 小山エミ · 오기우에 치키 荻上チキ, '백러쉬를 알기 위한 키워드 10', 『백러쉬!バックラッシュ！』.

이와 같은 신중한 정의가 필요한 이유는 젠더 이론을 곡해하는 백러쉬 진영의 "저 녀석들은 성性에는 생물학적인 근거가 없다고 주장하는 형편없는 자들이다."라는 비판을 피하기 위함이다. 저자 나름의 이해를 바탕으로 말하자면 젠더는 섹스의 상위개념이며, 성별차이가 결정되는 데에 있어서 무엇이 본질적이고 무엇이 구성적인가 라는 구별은 단순한 문제가 아니다. 따라서 이것은 역시 혈연보다 환경이 중요하다는 주장을 하기 위한 개념도 결코 아니다.

코야마 에미小山エミ는 밀턴 다이아몬드[25]에게서 힌트를 얻어 다음과 같이 말했다. "인간의 성에 대한 자의식은 생득적生得的인 경향과 사회환경이라는 두 가지 측면의 영향을 받아 발달하는 것으로, 어느 쪽 하나만으로 결정되는 것은 아니다."(코야마 에미, 『브렌다라고 불리운 소년』을 둘러싼 백러쉬 논의의 혼란', 『백러쉬!』)

이는 매우 타당하며 온당한 지적임에도 불구하고 지금까지 이와 같이 주장하는 것이 얼마나 어려운 일이었는가를 생각해 보면 한숨이 저절로 나오지 않을 수 없다. 생득적生得的 즉, 생물학적인 요인은 틀림없이 젠더에 강한 영향을 미친다. 그러나 이는 자신의 몸에 페니스가 있는가 없는가에 따라 "나는 남자다."라고 인식한다는 의미가 아니다. 이는 자신이 스스로 페니스가 있음을 인식하면서, "그럼에도 불구하고 나 자신은 여성이다."라고 느끼는 경우도 포함하고 있다. 이러한 경우를 일반적으로 성동일성장애라고 일컫는데, 저자는 그녀의 성性의 자인식에 있어서도 역시 페니스가 생물학적 근거를 부여하고 있다고 생각한다.

앞서 언급한 코야마가 소개한 '쌍둥이의 의학사례'라고 불리는 사건을 둘러싸고 전개된 논의는 그 자체만으로도 매우 가치있는 사례이기 때문에, 간단하게나마 여기서 언급하고 넘어가기로 한다.

1966년에 캐나다에서 태어난 생후 8개월의 쌍둥이 중 한 명인 브루스 라이머는 포경수술에 실패하여 페니스에 손상을 입게

---

[25] 밀턴 다이아몬드Milton Diamond(1934-): 하와이대학 교수로, 해부학과 생식생물학을 전공. 그는 성별에 관한 연구에 큰 업적으로 남겼으며 성의 자기인식의 기원에 관한 연구로 유명.

된다. 양친은 심리학자 존 머니John Money의 조언을 따라 브루스를 성전환수술을 시켜 브렌다라는 여성으로 키우고자 시도했다. 그러나 브렌다(브루스)는 이와 같은 경위를 전혀 알지 못했음에도 불구하고, 여성으로서의 자신을 거부하고 10대 중반에 데이빗이라고 개명하고 남성으로서 살아가고자 했던 것이다. 그러나 유감스럽게도 2004년에 데이빗은 스스로 목숨을 끊고 만다.

머니는 이 사례를 성의 자인식을 임의로 변경할 수 있다는 자신의 학설의 증거로써 이용하고자 했다. 그러나 그는 브렌다가 여성을 거부했다는 사실을 물론 언급하지 않았다. 그러나 나중에야 이 의학사례가 '실패'였다는 것이 생식학자 밀턴 다이아몬드 등의 조사에 의해 밝혀지게 된다.

머니의 실패는 백러쉬 진형에게 있어서 아주 적당한 소재가 되었다. 그들에게 있어서 이 실패 사례는 사회적, 문화적으로 형성된 젠더의 개념이 새빨간 거짓말이라는 주장의 결정적인 증거로 다루어지게 된다.

즉, 여기에는 두 가지의 대립축이 존재한다. 젠더는 사회적으로 형성되고, 말하자면 자유롭게 선택할 수 있다고 생각했던 머니와, 성性에 있어서의 자인식은 어디까지나 생물학적으로 정해지는 것으로 변경이 불가능하다는 백러쉬 진영이 바로 그것이다.

결론부터 말하자면 '쌍둥이의 의학사례'는 그 어느 쪽의 주장도 증명해주지 못한다. 머니는 인터 섹스(성별의 판단이 용이하지 않은 사례)의 연구를 통해, 많은 어린이들이 교육받은 대로 성性의 자인식을 갖게 된다는 사실을 발견했다. 이와 같은 사실을 통해, 젠더가 형성되는 과정에 사회, 문화적 요인이 관여될 수 있다는 것을 알 수 있다. 그러나 그렇다고 해서 이와 같은 요인이 생물학적 성별차이보다도 우위에 있다는 것을 입증하는 것이 될 수는 없다.

반대로 이와 같은 머니의 실패가 있었다고 해서 한꺼번에 젠더의 개념을 부정하는 것도 옳지 않다. 왜냐하면 데이빗이 여성성을 거부한 것이, 주위 사람 모두가 자신에게 여성성을 강요하고자 하는 부자연스러운 태도에 대한 반발에서 기인한 것일지도 모르기 때문이다. 만일 그러했다면, 데이빗의 남성성이야말로 사회적, 문화적으로 형성되었다고 볼 수 있기 때문이다. 따라서 저자는 이와 같은 사례연구를 볼 때마다 젠더의 실증적인 연구가 얼마나 어려운 일인가에 관해 탄식하지 않을 수 없다. 어쩌면 이론상 거의 불가능에 가까운 것이 아닐까 라는 생각마저 든다.

정신과 의사로서의 입장에서 보면 젠더와 정신질환은 매우 유사하다고 생각되기도 한다. 하지만 그렇다고 해서 젠더가 병이라고 말하고자 하는 것은 아니다. 다만 정신질환에 관해서도 젠더와 유사한 논의가 몇 번이고 반복되어 왔기 때문이다. 이와 같은 종류의 논의는 '특정한 정신 질환이 심적 원인으로 인해 생겨나는가, 아니면 기질적인 문제인가'라는 논의와 매우 유사하다. 그러나 100퍼센트 심리적인 원인만으로 일어나는 정신질환은 존재하지 않으며, 마찬가지로 100퍼센트 뇌 신경계의 원인으로부터 생겨나는 질환도 존재하지 않는다. 모든 정신질환은 신체적인 원인에 심리·사회적인 원인이 더해지면서, 혹은 심리·사회적인 원인이 결여됨에 따라 생겨난다. 그렇기 때문에 정신요법과 약물요법을 병행할 필요가 있는 것이다. 거의 모든 인간에게 일어나는 현상은 신체, 심리, 사회의 요인이 서로 뒤엉킨 곳에서 생겨난다. 따라서 젠더만이 유독 예외라고는 말할 수는 없을 것이다.

그런데 가령 인간의 성에 대한 자인식이 신체의 섹스와 항상 완전히 일치한다면, 저자는 성의 자인식 자체가 성립되지 않는다고 생각한다. 아니, 그렇다기보다 이것은 성性에 한정된 문제가 아니라고 본다. 자신의 신체의 실재성조차 의심할 수 있는 것이 인간의 자의식인 것이다. 즉, 신체와 의식은 항상 이미 괴리된 존재인 것이다.

그렇다면, 심리적인 성의 자인식이 존재한다는 것 자체가 젠더와 섹스의 괴리를 입증하는 것이 될 것이다. 즉, 대부분 우연하게도 일치하고는 있으나 일정 비율로 둘 사이에 '엇갈림'이 발생하는 것도 피할 수 없을 것이다.

페미니스트인 쥬디스 버틀러[26]는 다음과 같이 말하고 있다.

실제로 섹스는 항상, 그리고 이미 젠더였음이 틀림없다. 그리고 그 결과로서 섹스와 젠더의 구별은 결국 성립하지 않는다. 따라서 섹스 그 자체가 젠더화된 카테고리라고 한다면, 젠더를 섹스의 문화적 해석이라고 정의하는 것은 무의미해질 것이다. -『젠더 트러블』, 세이도샤青土社, 1999.

---

[26] 쥬디스 버틀러Judith Butler(1956-): 미국 캘리포니아 주립대학에서 수사학과와 비교문학과 교수로 재직 중인 유대계 백인 레즈비언 철학자. 대표적인 저서로『젠더 트러블』(1990)이 있다.

분명히 이와 같은 말에 독자들은 말도 안된다며 혼란스러움을 느낄 것이다. 다시 말하면 이는, 젠더의 개념이 앞서 존재하고 그 후에 생물학적인 성性이 정해진다는 이야기가 아닌가. 실제로 존재하는 것 보다 그에 대한 개념이 선행한다는 것은 쉽게 납득하기 어렵다.

그와 같은 심정은 충분히 이해하는 바이다. 하지만, 이 문제를 엄밀히 고찰해 보면 오히려 필연적으로 버틀러와 같은 결론에 도달하게 된다. 우리들의 '성性'이 어떻게 정해지는가를 생각할 때, 어디까지가 생물학적이며, 어디까지가 사회·문화적인 결정인가를 구분짓는 것은 사실상 불가능하다. 예를 들어 아무리 기억을 거슬러 올라가 보아도 헛수고일 뿐이다. 즉, 다시 말하면 자신의 성별을 최초로 인식한 것은 언제부터인가 라는 질문에는 그 누구도 정확히 대답할 수 있을리 만무하다는 것이다.

다만 한가지 확실하게 말할 수 있는 것은, 성별을 인식하기 위해서는 사전에 성별에 관한 지식을 갖고 있을 필요가 있다는 점이다. 여기에서 '젠더'는 더욱더 넓은 의미로 쓰이게 되는데 성에 관한 인식 자체가 '젠더'라는 것이다. 즉, 젠더의 개념이 우선 존재하지 않는다면 우리들은 자신의 성별조차도 인식할 수 없다는 것이다. 이는 딱히 성性에만 한정된 이야기는 아니다. 우리들은 자신을 '인간'이라고 생각하고 있지만, 그것을 알고 있는 것은 '인간'이라는 개념이 존재하기에 가능한 일인 것이다.

버틀러는 젠더를 행위(퍼포먼스)라고 생각했다. 다시 말하면, 신체 위에 입혀진 이미지가 아닌 행위 그 자체가 젠더라고 보는 것이다. 이 때, 이와 같은 행위의 수數만큼 젠더가 존재하는 것이 된다. 상당히 과격한 발상일지도 모르나 저자는 버틀러의 의견에 전적으로 동의하며, 이 책에서 젠더를 다루는 방식도 바로 이 버틀러의 발상 혹은 사고방식을 따르고 있다.

그렇다면 앞서 언급한 라캉의 "여자는 존재하지 않는다."라는 말을 이와 같은 시점을 통해 생각해보자. 이 말은 예를 들어 다음과 같이 해석할 수 있다. "(생물로서의) 여자는 ('여자'라는 말보다 앞서는) 존재하지 않는다."라고.

다만, '섹스'가 '젠더'에 포함된다고 해서 젠더가 섹스의 영향을 받지 않는 것은 아니다. 물론 많은 영향을 받는다. 젠더는 섹스와의 상호작용에 의해 다시금 변화하게 된다. 또한 그렇기 때문에 '생물적/사회·문화적'이라는 명확한 구분이 불가능한 것은 당연한 것이다. 왜냐하면 양자의 경계선은 항상 '행위'에 따라서 유동적이기 때문이다.

젠더 센시티브

제인 마틴[27]이 제창한 '젠더 센시티브'라는 개념은 젠더에 대한 태도에 있어서 현 시점에서 가장 설득력있는 개념이라고 생각된다(제인 마틴, 바발 휴스턴 '젠더를 생각한다', '백러쉬!'). 그녀는 젠더에 전혀 관심을 기울이지 않는 입장과 젠더야말로 유일한 것이라는 입장 모두를 거부하고, 제3의 대안으로서 '젠더 센시티브'를 제창했다.

---

[27] 제인 마틴Jane Martin: 1929년 뉴욕출신으로 래드클리프Radcliffe College대학에서 박사학위를 받았다. 메사츄세츠 대학 보스턴캠퍼스 철학부 명예교수.

참고로, '젠더 프리'를 처음으로 주장한 바바라 휴스턴은 '젠더' 그 자체에 관해서 다음과 같이 언급하고 있다.

나는 젠더가 사람의 성질로서가 아닌, 다양한 방법을 통해 형성된 사람들 사이에서의 관계성이라고 파악하는 것이 중요하다고 생각합니다.

이는 젠더라고 하는 개념이 고정적인 것이 아니라 그 안에는 상대성과 유동성이 내포되어 있음을 배려한 표현이라고 볼 수 있다. 버틀러의 '젠더는 행위'라는 주장과 마찬가지로 저자는 바바라 휴스턴의 의견에 전적으로 동의한다. 속성이 아닌 관계성이라고 하는 시점은 여성이었기에 가능했다고도 볼 수 있지만, 이는 일종의 발상의 전환이다.

이와 같은 전제에서 젠더 센시티브는 어떻게 정의할 수 있을까? 제인 마틴의 몇몇 발언을 인용해 보자.

우리들은 젠더를, 그것이 중요하게 결부될 때는 고려하면서도 그렇지 않을 때는 무시하고 있다고 볼 수 있습니다. 물론 이와 같은 사고방식을 따르자면, 모든 사항 하나하나에 대해 논의해야 할 필요성이 생기게 됩니다. 다시 말하면 과연 무엇이 중요하게 결부되고, 무엇이 그렇지 않은가에 대해서 그때 그때 고려할 필요성이 대두되는 것입니다. (중략) 그러나 이는 어디까지나 분석에 있어서의 대강의 원칙일 뿐으로 사람과 문화 등 개개의 상황에 따라 구체적으로 결정할 수만 있으면 충분합니다.

('젠더 센시티브'라는 입장은) 일반적인 방침이지만, 개개의 구체적인 사항도 시야에 넣고 생각할 필요성이 있다는 것을 의미합니다. 추상적인 방침만으로는 불가능합니다. 항상 변화의 가능성을 내포하고 있으며 또한 항상 변화를 계속하고 있기 때문에 알 수 없는 것입니다.

젠더가 개개의 구체적인 상황에 어떤 영향을 미치는가는 인종, 계급 등 다양한 여타 요소도 관련되어 있기 때문에 예측할 수 없습니다.

젠더 센시티브한 방침이라는 것은 어떤 연구가 이루어지든, 어떤 행동이나 법률이 제정되건 간에 항상 이들이 여성에게 어떤 영향이 미치는가에 관해 고려해 본다는 것을 의미합니다.

이와 같이 젠더 센시티브한 태도는 젠더를 고정적인 틀로서 파악하지 않는다. 이는 메타레벨[28] 즉, 젠더와 관련된 이론과 과정 그 자체를 중시한다.
언제, 어떤 상황에서 젠더가 문제시되는지에 관해서는 개개의 구체적인 상황에 직면하지 않으면 알 수 없다. 다시 말하면, 순수하게 논리적 혹은 추상적인 레벨에서만으로는 젠더 센시티브한 입장을 유지할 수 없다는 것이다.
이론이라기보다 개개의 사례에 대처하기 위한 방법론이라는

---

[28] 메타레벨metalevel: 객체 혹은 대상 자체를 중시하는 담화의 레벨. 예를 들어 메타레벨 사고는 특정 언어로 무엇을 생각하는 것이 아니라, 언어 자체를 통해 과연 무엇을 생각할 수 있는가 혹은 없는가를 사고하는 것을 가리킨다.

측면에서, 이와 같은 발상은 상당히 정신분석과 유사하다. 젠더의 존재를 갑자기 부정하는 것이 아니라 사례별 상황별로 그 카테고리의 중요도를 판단한다. 그런 뒤에 만일 그 카테고리가 억압적이고 속박적이라면, 그에 대해 개입하거나하여 수정하고자 한다는 것이다. 만일 저자에게 정치적 입장이 있다고 한다면 그 어느 입장보다 이 '젠더 센시티브'에 가깝다고 할 수 있을 것이다.

이와 같은 발상의 좋은 점은 다양한 영역에 응용할 수 있다는 점이다. 예를 들어 '젠더'를 '마이너리티'로 치환해도 좋다. 마이너리티가 항상 문제시되는 것은 아니지만, 마이너리티인 것이 어떤 불이익이나 차별로 이어지기 쉬운 상황에서는 이를 문제시할 필요가 있는 것과 마찬가지이다.

그렇다면, 모든 차별이나 억압에 대해 센시티브하면 되지 않을까? 새삼스레 '젠더'에 한정할 필요는 없지 않을까? 라는 물음도 제기될 수 있을 것이다. 그러나 저자는 '젠더'를 핵심에 두는 것이야말로 평가할만하다고 생각한다. 그 이유는 다음과 같다.

여타 차별의 경우, 기본적으로 차별을 불러일으키는 카테고리 자체를 무효화하는 것이 그 근본적인 해결책이 될 수 있을 것이다. 신분차별이나 인종차별 등이 그 전형적인 예라고 할 수 있다. 자기 스스로 어찌할 수 없는 선천적인 카테고리를 강요받고, 그것이 결국 차별을 불러일으킨다고 한다면 최종적으로 그 카테고리 자체를 없애버리는 것이 가장 바람직하다.

그러나 '젠더'는 이들과 경우가 다르다. 젠더는 이 카테고리 자체로 인해 차별이나 소외가 생겨남과 동시에 개인의 정체성과 깊게 관여하고 있다. 즉, 젠더라는 카테고리는 개인이 이 사회에서 살아가는 데에 있어서 없어서는 안될 것이기도 하기 때문이다. 이러한 의미에서 젠더는 '양날의 검'인 것이다. 특히 여성에게 있어서 그러한데, 왜냐하면 아직도 사회 곳곳에 남존여비와 같은 편견이 남아 있기 때문이다.

어쨌거나 우리들은 젠더라는 카테고리를 필요로 한다. 젠더 센시티브는 차별로 이어지기 쉬운 카테고리를 단지 없애버리는 것이 아니라, 그 카테고리의 중요성을 존중하면서 카테고리가 끼치는 영향을 주의깊에 관찰하고 조정하고자 하는 입장인 것이다.

젠더를 제외하고 이와 같은 태도를 필요로 하는 카테고리는 정신장애를 필두로 몇몇 장애나 질환 이외에는 딱히 떠오르지 않는다. 예를 들어 '장애'라는 카테고리는 그에 대한 치료나 지원을 받는 데에도 필요하기 때문에, 장애인인 것이 부당한 차별이나 소외로 이어진다고 해서 장애인이라는 개념 자체를 없애버려서는 안된다. 개념 자체는 그대로 온존시키면서 그것이 불이익을 불러일으키는 경우에는 적극적으로 개선시키는 것이 바람직하다는 것이다.

카테고리에 의한 차별을 없애자고 주장하는 것은 간단하다. 그러나 그러한 주장이 지나치게 되면 이번에는 해당 카테고리를 필요로 하는 사람들의 입장이 소외되어 버리는 결과로 이어지게 된다. 오해로 인해 확산되어 버린 '젠더 프리'라는 개념은 이러한 위험성을 품고 있었던 것이다.

필자는 여기에서 작가 나카가미 켄지[29]를 떠올린다. 신분차별을 받는 지역의 출신이었던 나카가미씨는 그 누구보다 차별에 대

---

[29] 나카가미 켄지中上健次(1946-1992): 와카야마현和歌山縣 신구시新宮市 출신의 소설가. 본명은 한자는 동일하나 나카우에 켄지라고 읽음.

해 '센시티브'한 작가였다. 즉, 차별의 나쁜 점을 몸으로 체험함과 동시에 차별이 필연적으로 발생할 수 밖에 없는 구조에 관해서도 자각하고 있었다. 예를 들어 나카가미씨는 다음과 같이 쓰고 있다.

> 이 일본에 있어서, 차별이 일본고유의 자연발생적 현상이라고 한다면 일본 소설의 구조, 문화의 구조도 역시 마찬가지로 차별적 구조임에 틀림없다. -아카가미 켄지, 『기슈~나무의 나라·한의 나라의 이야기紀州~木の国-根の国物語』, 카도카와문고角川文庫, 2009.

이는 '차별'과 '차이'의 비교를 통해서도 알 수 있다. 차이 없이 문화는 성립할 수 없다. 그러한 까닭에 차이는 인정할 필요가 있다. 그러나 만일 차이를 야기하는 구조 자체가 다시금 차별을 야기한다고 한다면 어떻게 해야 할까? 이때, 차이를 긍정하면서 차별을 비판하는 태도는 결국 자가당착이 아닐까? 여기에 하나의 아포리아[30]가 존재한다. 나카가미씨는 스스로 만들어낸 허구의 힘을 통해 생애에 걸쳐 이 아포리아에 몰두했다.

이와 같이 '차이를 인정하면서 차별을 비판하는' 태도야말로, '젠더 센시티브'의 본질 중 하나가 아닐까?

카테고리 자체의 안이한 부정은 차이도 차별도 한꺼번에 날려버린다는 점에서 일종의 폭력과 다름없다. 그러한 의미에서 저자는

---

[30] 아포리아aporia: 그리스어로 '길이 막힌 것', '통로가 없는 것'이란 의미의 철학용어로, 하나의 명제에 대해 증거와 반증이 동시에 존재하므로 그 진실성을 확립하기 어려운 상태, 즉 사물에 관하여 해결의 방도를 찾을 수 없는 난관을 의미한다. 일반적으로는 해결이 곤란한 문제를 가리키는 말.

소위 급진적인 페미니즘의 주장에는 찬성할 수 없다. 인정되어야만 하는 차이와 비판해야만 할 차이의 다른점을 이끌어낼 때에는 차이와 카테고리 자체에 대한 섬세한 감수성이 요구된다. 그리고 그와 동시에 항상 현실을 고려하여 스스로의 입장도 수정할 수 있는 유연한 의지가 요구된다.

　이 책에서 저자는 가능한 한 이러한 입장에 가깝게 서서 논의를 진행하고자 한다. 젠더라는 카테고리가 인간을 인간답게 하는 가장 중요한 카테고리라는 것을 전제로 하여, 그 카테고리가 어떤 환상에 의해 지탱되고 있는가를 규명하고자 한다. 그리고 또한 이러한 환상이 어디에서 유래하고 있는가를 밝혀내고자 한다.

　따라서 이 책은 어디까지나 '젠더 센시티브'한 입장을 추구하여 쓰여졌다고 말할 수 있다. 이 때, '소유'와 '관계'라는 가설은 행위로서, 혹은 관계로서의 '젠더'를 이해하는 데에 있어서 매우 중요한 보조수단이 된다.

제2장

남녀의 차이에 관한 책에는 왜
사이비 과학이 많은가

윤리관이나 가치관은 뇌를 통해 판단할 수 없다

앞서 몇 번이고 언급한 바와 같이 이 책에서 저자가 문제시하는 것은 어디까지나 '젠더'이다. 솔직하게 말해서 저자는 섹스, 즉 생물학적인 성性의 바람직한 존재방식에 관해서는 그다지 관심이 없다. 그렇다기보다, 현재의 '섹스'에 관한 연구 수준으로 볼 때 '젠더'의 섬세함을 감당할 수 없을 듯 싶다.

따라서 저자는 '들어가며'에서도 언급한 바와 같이, 이와 같은 이른바 '기질적 성별차이'에 관한 대부분의 대중서적이 미심쩍기 짝이 없다고 생각한다. 일부러 '모든'이 아닌 '대부분'이라고 말한 것은 이후 '제대로 된 책이 나올 지도 모른다'는 기대의 표현이다.

젠더를 뇌의 해부학적, 혹은 생리학적인 차이로 돌리고자 하는 논의는 종종 남녀의 각각의 '자연스런 역할'이 얼마나 멋진 일인가를 강조한다. 예를 들어, 원시시대의 남녀는 매우 자연스러운 역할분담하에서 생활했으며 이는 전근대에 이르기까지 면면히 이어지고 있었다. 그러나 근대화에 따른 아노미화(공통의 규범이 없어지는 상태가 되는 것)에 따라 이렇게 오래되고 좋은 가치관이 파괴되어 사람들은 의존해야만 하는 규범을 상실하고 어찌할 바를 모르고 살아가고 있다는 것이다. 이것이 전형적이고 소박한 차별주의

자의 논법이라는 것은 두말할 나위가 없다. 그들의 논리를 적용하면 신분 차별도 인종 차별도 간단히 정당화되어 버린다. 어떠한 추악한 차별과 억압에도 그것이 성립되고 계속해서 유지될 수 있었던 것에는 나름대로의 '의미'나 '근거'가 있었기 때문이다.

그들은 끊임없이 '자연스러움'을 칭송할 것이다. 그러나 그들이 찬양해 마지않는 '자연스러움'이란 것은 '자연스럽게 있고자 하는' 욕망 그 자체의 불안정성과 비합리성을 나타내며 그 자체가 근거 없는 키워드라고 할 수 있다.

이 책이 전제로 하는 것은 그 무엇보다도 인간이 '자연스러운 신체성'으로부터 거리를 두게 되었다고 하는 인식이다. 저자가 정신분석에 의거하고자 하는 것은 어디까지나 이를 통해 '자연스러움'이나 '신체'라는 애매한 합리화의 유혹을 확실하게 배제하기 위함이다.

저자는 이전에 뇌 과학자인 모기 켄이치로茂木健一郎와의 편지를 주고받을 것을 출판사로부터 의뢰받은 적이 있다.(「뇌는 마음을 기술할 수 있는가?」[31]) 그러나 일단 이와 같은 의뢰를 받아들였을 터였던 모기씨로부터 유감스럽게도 답변이 끝끝내 오지 않았다. 갑자기 논쟁을 걸어왔다고 생각해 당황했을지도 모르겠지만 그 진상은 알 수 없다. 어쨌거나, 첫 '편지'에서 저자가 무엇보다 주장하고 싶었던 것 중 하나는 우리들의 윤리관이나 가치관을 뇌를 통해 설명하는 것은 불가능하다는 것이었다. 다시 말하면, 윤리나 가치를 과학적으로 증명하는 것은 불가능하며 대부분의 사이비

---

[31] http://sofusha.moe-nifty.com/series_02/2007/ 06/1_108a.html(저자 주)

과학³²은 윤리나 가치를 과학적으로 증명하고자 했던 결과의 산물이라는 것이다.

가치관을 과학적으로 논하고자 하는 논문의 경우, 그것이 만일 계몽을 위한 비유가 아니라면, 속아 넘어가지 않도록 주의하며 읽을 것을 그 무엇보다 당부하고 싶다. 참고로 이와 같은 종류의 논문은 통상의 과학 논문과 비교해 볼 때 논조가 매우 단정적인 경향이 그 특징이다. 가치와 같은 애매모호한 것을 다룰수록 자주 단정적으로 논하고 있는 경우가 많다.

말할 필요도 없이 저자는 '젠더'도 이와 같은 영역에 속한다고 생각하고 있다. 섹스, 즉 생물학적 성별차이는 가치관과는 관계 없지만 젠더는 그렇지 않다. 젠더라는 것은 다양한 가치관의 기초가 되는 '메타가치'³³와 같은 것이다. 따라서 저자는 이를 과학적으로 논하는 것은 어렵다고 생각한다. 따라서 젠더를 논할 때에는 차라리 과학을 철저하게 배제하는 편이 바람직하다고 생각한다.

뇌 과학의 성차性差에 관한 거짓말

그러나 세상에 널려있는 '남자와 여자'에 관한 책은 그 대부분이 뇌나 호르몬을 통해 성차를 논하고 있다(이 장障에서는 일부러 '성차'

---

32 사이비과학似而非學: 학설 및 이론 그리고 지식 등이 그를 주창하는 자가 과학이라 주장하거나 과학인 것처럼 제시하지만 현재의 지식 혹은 과학의 여건으로서 널리 인정받는 조건(과학적 방법)을 만족하지 못하는 것을 말한다. 의사과학擬似科學, Pseudoscience이라고도 함. 예를 들어, 우생학, 점성술, 바이오리듬 등을 들 수 있다.
33 메타 가치: 어떤 가치의 구조 혹은 그 기초. 혹은 초월적 가치.

라는 말을 사용하기로 한다). 즉, 이와 같은 책들은 젠더에는 과학적인 근거기 있다고 주장하는 것처럼 보인다. 그러나 성차의 뇌 과학이 얼마나 근거가 없는 것인가는 널려있는 관련 책자들을 대충 펼쳐보아도 금새 알 수 있다.

저자가 알고 있는 한 그 가장 악질적인 예로 앨런 피즈Allen Pease 와 바바라 피즈Barbara Pease의 베스트셀러『말을 듣지 않는 남자, 지도를 읽지 못하는 여자』(슈후노 토모사主婦の友社, 2002)를 들 수 있다. 다시금 보고 놀란 것은 이 책에 과학적 지식이라고 소개되어 있는 많은 내용들이 완전한 오류 혹은 거짓말이라는 점이다. 전세계에서 600만 부나 팔렸다는 베스트셀러가 이처럼 심각하게 낮은 수준의 사이비 과학책이라는 사실에 공포감마저 든다.

예를 들어 '남자보다 여자가 주의깊다'는 차이를 증명하기 위해 소개한 것은 펜실베이나 대학의 신경심리학 교수 루벤 굴의 글이다.

> 휴식 중의 남성의 뇌를 스캔해 보면 그 전체의 70%가 활동을 완전히 멈춰 있다. 한편, 여성의 경우 그와 반대로 뇌의 90%가 활동상태이다. 이를 통해 여성은 주위로부터 끊임없는 정보를 받아들이고 분석하고 있는 것을 알 수 있다.

이를 보면 여성은 마치 남성과는 별종의 생물처럼 보인다. 이것은 조금이라도 뇌파를 측정해 보면 쉽게 알아챌 수 있는 오류로 남녀의 수면뇌파에 개체 차이 이상의 차이점은 없다. 물론 뇌의 활동이 '완전히 정지'한다는 것도 있을 수 없는 일이다. 하물며

90%가 활동상태라고 한다면 이는 각성상태와 거의 다름이 없다. 이와 같은 비교는 완전히 넌센스라고 볼 수 있다.

눈의 구조의 차이에 관한 기술도 황당무계하다.

색을 식별하는 원추세포[34]의 기본은 X염색체인데, 여성에게는 X염색체가 2개나 있기 때문에 여성이 남성보다 다양한 원뿔세포를 갖는다. 따라서 여성이 색을 보다 자세히 묘사할 수 있으며, 남성이 빨강, 파랑, 녹색만으로 색을 표현하는데에 반해, 여성은 뼈와 같은 흰색, 아쿠아, 녹색이 섞인 파랑, 연보라, 애플그린 등으로 표현한다.

이 대목, 어설프게 정확한 정보가 섞여 있기 때문에 더욱더 악질적이다. 분명히 추체세포錐體細胞(이 쪽이 정확한 정식명칭)는 X염색체로부터 유래한다. 그리고 여성이 두 개의 X염색체를 갖고 있는 것도 사실이다. 그러나 세포가 발현할 때 두 X염색체 중 하나는 비활성화되기 때문에 추체세포에 있어서 남녀의 차이는 없다. 게다가 추체세포에는 빨강, 녹색, 파랑을 흡수하는 세 종류의 추체가 있는데 여기에도 물론 남녀의 차이는 없다. 따라서 위의 기술의 절반은 완전히 거짓말인 것이다. 이는 부주의한 실수라기보다 교묘하고 계획적인 거짓말이라는 인상이 짙다. 어쩌면 이 책의 저자들은 단순히 무성의함의 레벨을 넘어 악질적이지 않나 하는 의심이 들 지경이다.

---

[34] 원추세포圓錐細胞: 척추동물의 빛을 받아들이고 색을 구별하는 시세포로, 주로 원뿔 세포·추체錐體라고 함.

옥시토신oxytocin이라는 여성호르몬은 접촉을 바라는 욕구를 일으켜 촉각의 수용체를 활발하게 한다. 따라서 남성의 10배나 피부가 민감한 여성에게 있어서 남성 및 아이 그리고 친구를 포옹하는 행위는 매우 중요하다.

우선, 옥시토신은 여성호르몬이 아니다. 그리고 확실히 옥시토신은 암수 쥐 한 쌍의 형성을 촉진하는 한편 인간에게도 사회적인 행동을 일으킨다고는 하지만, 인간에 관해 그 효과는 아직 명확히 증명되어 있지 않다. 그건 그렇다 쳐도 여성의 피부가 남성의 10배나 민감하다는 헛소문은 대체 어디에 근거를 두고 있는 것일까? 이를 증명하기 위해서는 여성 피부의 신경말단의 구조가 남성과는 결정적으로 다르다는 해부학적인 사실을 제시할 필요가 있다. 그러나 이 책에 기술된 내용 중 어디에도 피부가 10배나 민감하다는 설의 근거는 제시되어 있지 않다. 물론, 이러한 의학적 사실 또한 존재하지 않는다.

간뇌에 있는 '전교련'[35]은 일반적으로 여성 쪽이 남성보다 두터운데 이 기관은 말하자면 '감정의 연락통로'이다. 따라서 여성은 남성보다 감정적이 되기 쉽다.

이와 같은 구절도 아무 생각없이 읽으면 '아, 그렇구나!'라고 납득해 버리기 쉽다. 그러나 조금이라도 곰곰히 생각해 보면, 예를

---

[35] 전교련前交連, Commissura rostralis, Anterior commissure: 두 개의 반달모양의 대뇌반구를 연결하는 연결체. 참고로 Commissura는 라틴어.

들어 뇌 과학에 대한 지식이 없다고 하더라도 이 설명의 이상한 점을 눈치챌 수 있을것이다.

　여성은 왜 감정적인가? 그것은 여성의 뇌가 감정적으로 되기 쉬운 구조를 갖고 있기 때문이다. 과연 이와 같은 설명에 납득할 수 있는 사람이 얼마나 있을까? '감정'이라는 것의 본질을 알아보지 않는 한, 이와 같은 설명의 정보로서의 가치는 제로에 가깝다. 따라서 '뇌'를 '심리'로 바꾸어도 그다지 큰 차이는 없다. 더욱이, 연락통로가 굵다는 것과 감정의 총량이 많다는 것에는 일말의 관계도 없다. 통로가 굵은 것과 감정의 많고 적음은 관계가 없으며, 이는 도로가 넓다고 해서 반드시 교통량이 많다고 볼 수 없는 것과 마찬가지라고 볼 수 있다. 또 이 저자는 여성은 굵은 통로를 갖고 있음에도 불구하고 감정이 흘러넘쳐 패닉상태에 빠지기 쉽다고 기술하고 있다. 그러나 이와 같은 논리라면 통로가 상대적으로 좁은 남성 쪽이 오히려 더욱더 감정이 흘러넘쳐 패닉에 빠지기 쉬울 것이다.

차이를 재인식하고자 하는 욕망

이와 같이 결코 정보적 가치가 높다고 할 수 없는 책이 600만 부나 팔려서 베스트셀러가 되었다는 사실은 이 책을 둘러싼 사람들의 욕망이 어떠한 것인가를 엿볼 수 있게 해 준다. 사람들이 원하고 있는 것은 성별 차이와 관련된 다양한 에피소드의 단편이며 그들이 원하는 것은 차이의 본질이 아니다. 즉, 사람들이 진정으로 원하는 것은 다름아닌 차이의 재확인이며 뇌과학이든 심리학이든 그 차이를 고정시켜줄 안정적인 '내답'인 것이다.

이러한 대답이 무슨 소용일까 하겠지만, 다름 아닌 그 자체가 '소용'인 것이다. 남녀의 차이와 관련된 에피소드는 세대와 지역을 초월한 그저 있음직한 소재 제공에 지나지 않는다. 우리들은 여기에서 '차이의 동일성'을 반복해서 확인하고, 그로부터 무언가 안도감을 얻는다. 저자는 이것을 '재귀적 쾌락'이라고 부른다.

특정 커뮤니케이션의 경우 정보량이 적으면 적을수록, 즉 쓸데없이 이야기가 길어지면 길어질수록 쾌락이 증가하기도 한다. "남자란 역시 그렇죠.", "여자란 그런거야." 류의 대화는 아주 미세한 부분까지 꼼꼼하게 조직된 '동일성의 확인'이라는 쾌락으로 구성되어 있다. 남녀의 차이에 관한 책이 잘 팔리는데는 이유가 있다. 그러나 이를 그저 빈정거리며 팔짱끼고 방관하고 있을 수만은 없다. 이와 같은 종류의 '재귀성의 쾌락'은 1장에서 언급했던 보수파나 백러쉬 세력에 의한 선동에도 응용되기 쉽기 때문이다. 여기에도 '젠더를 논하는 것'에는 필연적으로 잉태한 정치성이 존재하고 있다는 것을 보여준다.

그렇다면 본론으로 들어가서 이에 관해 집중적으로 '검증'을 실시해 보도록 하자.

이 책(『말을 듣지 않는 남자, 지도를 읽지 못하는 여자』)은 아니나다를까 좌뇌·우뇌론에 관해서도 대대적으로 다루고 있다.

1962년, 신경 생물학자 로저 스페리[36]는 대뇌피질의 기능이 좌우가 상이하다는 것을 밝혀내 노벨 생리·의학상을 받았다. 창조적인 뇌라고 말해지는 우반구는 좌반신을 담당하고 있으며, 또한 좌반구는 우반신을 책임지고 있는 한편, 논리, 추리, 발화를 담당한다. 언어나 어휘를 축적해 두는 곳은 특히 남성의 경우는 좌뇌쪽이며, 시각정보를 보관하거나 관리하는 것은 우뇌의 기능이다.

좌뇌·우뇌론은 이와 같은 사이비 과학책에서 종종 인용되는 비과학적 속설의 전형이다. 어떤 책이든 간에 이와 같은 설이 그럴싸하게 소개되어 있다고 한다면 그 책은 두말할 것도 없이 사이비 과학책이라고 봐도 무방하다. 로저 스페리의 분할두뇌에 관한 연구는 간질 치료를 위해 뇌량을 절단한 환자를 관찰하여 두 개의 뇌반구가 각각 독립된 의식을 갖고 있다는 것을 실증한 것이지만, 이는 앞서 언급한 속설들과는 별다른 관계가 없다. 좌뇌·우뇌론은 남성과 여성의 능력차이를 설명하는데 자주 인용된다. 지금에 이르러서까지도 많은 사람들은 '이미지와 직관은 우뇌, 언어와 논리는 좌뇌'라는 속설을 믿고 있기 때문에 이를 젠더에 갖다붙이기에 안성맞춤이었던 것이다. 새로운 지식은 기존의 지식과 연결될 때 "아, 그렇구나!"라고 하는 일종의 지적 쾌감을 주는데 바로 이것을 두고 하는 말일 것이다.

---

[36] 로저 스페리Roger Wolcott Sperry(1913-1994): 미국의 신경생물학자. 눈을 통하여 외부세계의 정보가 뇌에 도달하는 비밀을 밝혀낸 업적으로 T. N. 비셀, D. H. 허블과 함께 노벨 생리·의학상을 수상했다. 그는 인간의 두뇌를 좌우반구로 구분하고 분할두뇌에 관한 연구를 통해 뇌의 좌우 기능에 대한 많은 업적을 남겼다.

원래부터 "뇌의 특정부분이 특정한 기능을 담당한다."는 이론(뇌국재론腦局在論, Theory of localization of brain function)에서 그 존재가 확실하게 확인된 것은 언어중추(혹은 언어분야言語分野)밖에 없다. 게다가 언어중추는 항상 좌반구에 있다고 단정지을 수도 없으며 어느 손잡이인지에 따라 그 위치 또한 달라지는데, 왼손잡이의 경우 우반구에 언어중추가 있는 경우가 많다.

이 책은 언어중추에 관해서도 틀린점이 많다. 성별차이에 관한 책은 대개 이유는 알 수 없으나 남성보다 여성이 수다스럽다고 하는 전제하에 그 원인을 여성 쪽이 언어중추가 발달되어 있기 때문이라고 설명하고 있다. 이러한 주장을 하는 사람들은 작가나 평론가와 같이 언어를 다루는 직업에 종사하는 사람이 일반적으로 남성 쪽이 많다는 점은 과연 어떻게 설명할 것인가? 게다가 그 중에서도 가장 엄밀하게 언어를 다룬다고 할 수 있는 철학자의 경우, 여류 철학자가 거의 없다는 것을 확인할 수 있다.

한편, '우뇌가 발달한 남성'은 여성보다 '공간파악 능력'이 뛰어나다고 한다. 그러나 애당초 남성이 여성보다 우반구가 발달되어 있다는 것을 증명해 주는 의학적 근거가 존재하지 않는다. 그리고 공간파악 능력에 관해서는 뇌의 구조보다도 학습에 의한 능력차가 크게 작용할 가능성을 부정할 수 없다. 마지막 장에서 언급하겠지만 현 시점에서 말할 수 있는 것은, '남성과 여성은 공간을 파악하는 방식이 다를 가능성이 있다' 정도라고 볼 수 있다.

일반적으로 남녀차에 관한 책은 무엇보다 우선 '언어 능력'과 '공간파악 능력'에 관한 차이를 마치 증명된 것처럼 단정짓는 경향이 있다. 여성은 남성보다 언어 능력이 발달되어 있으나 공간파악 능력은 남성이 발달되어 있다는 말은 왠지 모르게 신빙성이 있게 들린다. 여담이지만, 적어도 혈액형과 성격의 관계는 수긍할 만한 점이 있지만 말이다.

 그렇다면, 정말 언어 능력과 공간파악 능력에 남녀차이가 존재하는 것일까? 사실 이 능력의 차이에 관해서 통계적으로 증명된 것은 거의 없다. 따라서 성별 차이라기보다 개인차라고 보는 편이 훨씬 설득력이 있다. 또한 가령 이러한 능력이 성별 차이에 의한 것이라고 해도 이는 어디까지나 후천적인 학습에 의한 결과이며, 반복학습을 통해 바뀔 수 있는 사소한 차이일 뿐이다. 분명히 소년은 소녀보다 '놀이'를 통해서 공간파악 능력을 키울 기회가 더 많다. 반면, 소녀는 소년보다 깊은 대화를 나눌 수 있는 경우가 많기 때문에 언어 능력을 발달시킬 기회가 더 많다. 그러나 만일 조건의 되는 환경을 바꾸어 본다면 이와 반대의 결과가 나올 것이라는 것은 쉽게 예측할 수 있다.

증명되지 않은 '뇌에 있어서의 성별 차이'

지금까지 알아본 바와 같이, 젠더와 생물학적 성별차이를 연결시키고자 하는 시도는 명확한 근거를 제시하고 있지 않은 경우가 많다. 뇌 과학에 관한 속설을 다룬 책의 대부분이 그러한 것처럼 이와 같은 영역의 수 많은 조사연구는 편견을 부추기기 위한 왜곡된 인용이 대부분이다. 저자가 알고 있는 한 아무리 최신의 뇌 과학 연구라고 해도 인간의 사회적 행동을 직접적으로 설명하는 것은 아직까지 불가능하다. 그럼에도 불구하고 이 사실을 제대로 언급하고 있는 전문가는 거의 없다. 게다가 유감스럽게도 이러한 저자의 불만을 만족시켜주는 책은 오직 한 권 밖에 없다.

카트린느 비달, 드롯테 브노와=브로웨즈에 의한 『뇌와 성과 능력 腦と性と能力』(슈에이샤신쇼集英社新書, 2007)이 바로 그것이다. 성별차이에 관해 논한 책 중에서 저자에게 매우 큰 자극을 준 책이었으나, 아니나다를까 그다지 팔리지는 않은 것 같다. 저자가 이 책을 구입한 것은 책이 출판된지 약 1년 후였음에도 불구하고 초판이었다. 이를 통해 사람들은 따분한 진실보다는 재미있는 편견을 항상 선택하는 법이라고 판단하는 것은 너무 지나친 표현일까?

이 책이 다루고 있는 영역은 정확하게 본 장의 내용과 겹친다. 젠더는 과학적으로 증명 가능한가? 라는 의문을 통해 지금까지 제창된 다양한 '속설'을 최신의 과학적 지식을 바탕으로 하나하나 세밀하게 검증하고 있다. 예를 들어, 앞서 인용한 우뇌/좌뇌론에 관해서는 다음과 같이 단칼에 비판하고 있다.

두 개의 뇌 이론은 이미 과거의 것으로, 너무나도 낡았다. 뇌 이미지 검사의 최신 데이터를 통해 보자면, 이 설은 뇌의 움직임을 너무나도 단편적으로 파악하고 있다. 실제로 두 개의 반구는 끊을래야 끊을 수 없을 만큼 항상 교신하고 있으며, 그 둘 중 하나만 단독으로 기능하고 있는 부분은 없다.

하나의 영역에 반드시 하나의 기능만이 있는 것은 결코 아니다. 오히려 네트워크로 연결된 다수의 영역에 의해 하나의 기능이 실현

된다고 볼 수 있다.

뇌 화상 기술(MRI 등)의 진보에 의해 엄청나게 많은 연구가 축적되어 있으나, 뇌는 개개의 차이가 크기 때문에 오히려 남녀간의 기능적 차이를 인식하는 것은 매우 어렵다. 이 책에 따르면 이러한 연구는 이미 1,000건정도 축적되어 있으나 그 중에서 남녀간의 차이가 확실히 제시된 연구는 고작 10건에 지나지 않는다고 한다.

그 중에도 예일대학의 그룹이 1995년에 '네이쳐'지에 게재한 논문은 언론에 의해 "성별차이가 과학적으로 규명됐다."라고 대대적으로 보도되었다. 남녀의 언어 능력의 차이를 설명할 것이라고 생각되었던 이 연구는 집필자들의 의도를 뛰어 넘어 성별차이의 과학적 근거로서 종종 인용된다.

그러나 실제로 이 연구의 결과는 남녀가 서로 다른 뇌 구조를 갖고 있다는 것에 대한 증명이 아닌 듯하다. 따라서 생식기능을 제어하는 부분을 제외하고 순수한 뇌 자체에 있어서 명확한 성별차이의 존재는 지금까지 증명된 바가 없는 것이다. 이와 같은 '사실'에 놀랄 만큼 우리들은 '뇌에 있어서의 성별차이'에 관한 환상에 너무나도 익숙해져 버린 것은 아닐까? 이는 마찬가지로 앞서 언급한 '뇌량'에 관한 논리도 예외는 아니다.

많은 책에서 '뇌량'은 여성 쪽이 두텁다고 말하고 있다. 때문에 여성은 남성과 달리 둘 이상의 일을 동시에 할 수 있으며 감정적으로 되기 쉽다고도 한다. 그러나 비달에 의하면, 놀랍게도 이 '뇌량에 관한 문제'도 근거가 빈약하다는 것을 알 수 있다. 생각해 보면 당연한 것이지만 뇌량의 굵기는 그것을 통과하는 신경섬유의 수와 관계가 없다. 또한 1980년대 이전에 발표된 논문을 살펴보면 이에 관해서도 명확히 증명된 연구는 한 건도 없다는 것을 알 수 있다.

호르몬의 힘이란?

이와 같이 뇌 자체에는 남녀 차이가 존재하지 않는다는 것은 납득할만 하다. 그렇다면 호르몬은 어떨까? 인간의 성별은 성 호르몬의 작용에 의해 결정된다. 따라서 여기서 성性의 실상을 파악하는 데에 있어서 중요한 힌트를 얻을 수 있지 않을까?

다른 동물들과 마찬가지로 인간의 성의 발달에는 성호르몬의 작용이 결정적인 영향을 미친다. 그 중에서도 특히 태아의 성이 분화할 시기와 사춘기에 있어서의 2차 성징이 발현하는 시기에 있어서, 성호르몬의 영향은 지대하다. 적어도 수정 후 6주간에 있어서 태아의 성별은 인정할 수 없다. 다른 점은 단지 염색체의 종류뿐이다. 6주가 지나면 Y염색체를 가진 태아에게는 정소精巢가 생기며, Y염색체가 없다면 난소가 생긴다. 정소는 남성 호르몬(테스토스테론)을 분비하는데 이 작용으로 인해 페니스나 음낭 등의 남성 생식기가 형성된다. 즉, 인간의 기본형은 '여성'이며 여기에 남성호르몬이 작용함으로써 비로소 '남성'이 분화된다. 즉, 남성의 갈비뼈에서 여성을 만들었다고 하는 창세기와는 그 순서가 반대임을 알 수 있다.

이 말은 즉, 이 과정에 문제가 발생하면 젠더 역시 변하게 된다는 것을 의미한다. 예를 들어 염색체는 남성(XY)임에도 불구하고 외견상 여성인 경우가 생길 수 있다. 안드로젠 불감증후군androgen insensivity syndrome(혹은 안드로젠 내성 증후군)이라고 불리는 질환이 그것이다. 참고로 이 질환은 일찍이 고환 여성화 증후군testicular feminization syndrome이라고 불리웠으나 당사자에 대한 배려 차원에서 그 이름이 변경되었다.

이 질환은 XY염색체를 가졌음에도 불구하고 신체가 안드로젠 즉 남성호르몬을 수용하지 않거나 반응하지 않기 때문에 2차성징이 일어나지 않는 것을 가리킨다. 즉, 정소를 갖고 있음에도 외견상으로는 여성인 것이다. 생식기를 시작으로 뇌도 역시 호르몬의 영향을 받기 때문에 이러한 환자의 염색체는 남성이지만 뇌를 포함한 신체 자체는 여성이다. 4장에서 언급하겠지만 저자도 인턴 때에 이와 같은 환자를 만난 적이 있었는데 인상만으로 보면 아무리 보아도 완벽한 여성이었다.

이 사실로부터 알 수 있는 것은 젠더를 결정하는 요인은 정말로 복잡하다는 것이다. 적어도 젠더는 염색체, 성호르몬, 신체, 뇌, 심리, 사회라는 다양한 변수를 갖고 있다. 다시 말하면, 각각의 변수 사이에 불일치 혹은 엇갈림이 일어나기 쉽다는 것이다. 그러한 까닭에 성호르몬의 기능에 관해서도, 그것만으로는 젠더를 설명하는데에 충분하다고는 할 수 없는 것이다.

이는 생각해보면 당연한 것으로 인간은 모든 포유류 중에서 유일하게 발정기가 없는 동물이다. 즉, 호르몬의 상태 여부와 관계없이 언제든지 성행위가 가능한 것이다. 이 사실 하나만을 보더라도 인간의 성행위는 이미 동물적인 욕구라는 차원을 넘어선 것이라는 것을 알 수 있을 것이다. 따라서 인간의 성욕은 생식능력을 잃어버린 뒤에도 남아 있다. 생식기를 절제한 환관宦官에게도 성욕이 있으며 고환만을 절제한 경우 성행위도 가능하다고 한다.

이와 같은 명확한 사실이 있음에도 불구하고 남성과 여성의 행동원리의 차이를 성호르몬의 작용만으로 설명하고자 하는 논의는 끊이지 않고 있다. 이러한 책의 저자들 중에는 현역 의사들도 있기 때문에 마치 신빙성이 있는 것처럼 보인다. 그러나 오직 성호르몬에 의해 좌지우지 될 정도로 인간의 행동은 단순하지 않다. 애당초 성호르몬은 그 중요한 성행동性行動조차 지배하지 못하지 않는가? 하물며 그 이외의 행동에 영향을 미칠 수 있을리 만무하다.

예를 들어, 공간파악 능력이 호르몬의 농도에 의해 차이가 보여진다는 연구결과가 여러 건 보고되어 있으나 실제로 그 관계는 그렇게 단순하지 않다. 남성호르몬 농도가 낮은 남성 쪽이, 농도가 높은 남성보다도 그 능력이 높다는 데이터도 있다. 따라서 단순히 호르몬 농도가 높다고 해서 공간파악 능력이 뛰어나다고 결론지을 수 없는 것이다. 물론, 비달도 이러한 가설에는 부정적인 입장을 취하고 있다. 즉, 인간의 성행동과 호르몬은 어떤 관계도 없다고 주장한다. 다시 말하지만 그녀들의 결론은 명쾌하기 그지없다.

파트너의 선택과 호르몬은 전혀 관계가 없다. 그리고 동성애자는 호르몬에 그 어떤 문제도 갖고 있지 않다. 그리고 성범죄자의 혈중 테스토스테론의 양이 많은 것은 더더욱 아니다.

여기서 동성애자가 예로 들어진 것에 주목해 보자.

1993년 "게이의 유전자가 발견되었다."는 뉴스가 크게 보도되었다. 미국의 국립암연구소의 딘 헤이머 등의 팀이 동성애를 유발시키는 유전자를 발견했다고 「사이언스」지에 보고한 것이다. 연구에 따르면 이 유전자는 'X염색체의 장완부위長腕部位의 28'에 존재한다고 한다. 참고로 헤어머에게는 『유전자가 당신을 지배한다-금연에서 다이어트까지』(소시샤草思社, 2002)라는 저서가 있다.

쌍둥이에 관한 연구에도 동성애의 유전적 요인을 뒷받침하는 데이터가 있다. 유전자가 완전히 동일한 일란성 쌍둥이는 이란성이나 보통의 형제와 비교해 볼 때 양자 모두 동성애자일 확률이 높다. 그러나 이와 같은 결과는 동성애에 유전적 요인이 관여하고 있음을 시사함과 동시에 유전자만으로는 아무것도 설명할 수 없음을 의미한다.

이 연구결과는 당사자에게 있어서 '양날의 검'이라고 볼 수 있다. 동성애가 유전적으로 결정된다면 이는 이미 본인의 잘못이라고 말할 수도 없으며, 오히려 마이너리티로서의 권리주장이 보다 용이하게 된다. 그러나 그와 동시에 '치료'의 가능성을 시사하는 결과이기도 하다. 한발 더 나아가자면, 이를 통해 출산전 진단을 통해 마이너리티 유전자를 배제해야만 한다는 우생학적 주장도 나타날 수 있다.

헤이머들이 발견한 'X염색체의 장완부위長腕部位의 28' 유전자에 관해서는 1999년 캐나다의 연구팀에 의해 정식으로 부정되었다. 즉, 이 학설은 이미 과학적으로는 존재가 부정된 것이다. 그럼에도 불구하고 사람들은 "동성애를 유발하는 유전자가 발견되었다."는 뉴스만을 기억하고 "동성애를 유발하는 유전자는 없다."는 뉴스는 그 존재조차 알지 못한다.

그렇지만, 논의는 신중하게 진행해야만 한다. 분명히 동성애를 유발하는 유전자의 존재는 부정되었다. 그러나 쌍둥이에 관한 연구가 시사하는 것을 보자면 유전적 요인이 전혀 관여하지 않는다라고도 말할 수 없다. 즉, 동성애에도 역시 다른 여타 젠더가 그러하듯이 유전적인 요인은 환경요인과 자기선택 등 복수의 요인과 얽혀있다는 것이 된다.

저자는 젠더를 생물학적인 측면으로만 바라보는 것에는 반대하지만, 젠더를 결정한다라는 측면에서는 생물학적 요소도 매우 중요한 의미를 가진다고 생각한다. 여기에서 젠더라는 말을 '인간의 행동'으로 치환해도 마찬가지가 된다. 저자가 의문을 제기하는 것은 어디까지나 오직 생물학적 측면에만 의존하는 결정론이며, 젠더를 뇌나 호르몬과의 단순 인과관계로 연결짓고 규정하고자 하는 논의이다. 다시 말하면 호르몬이 인간의 행동에 영향을 미친다는 것은 확실하지만 그 영향관계는 다양한 요인이 관여하기 때문에 그와 같이 일원적으로 해석할 수는 없는 것이다.

여성은 Y염색체가 결여된 '불완전한 성性'?

저자가 보기에 남녀의 행물학적 성별차이를 결정론적으로 받아들이고자 하는 욕망의 바탕에는 역시 염색체의 차이라고 하는 사실이 있다고 생각된다. 비델 등에 따르면 이는 전통적으로 여성이 '불완전한 성性'이라고 인식되어 왔던 경위와도 관련이 있다고 한다. 그렇다면 여기에는 무엇이 결여되어 있는 것일까? 말할 것도 없이 그 훌륭하신(?) 'Y염색체'가 결여되어 있는 것이다. 남성이 우월한 성性이라고 하는 사람들은 대부분 그 이유로 'Y염색체'의 작용을 주장한다. 앞서 언급한 바와 같이, 생물로서의 인간의 기본 성별은 '여성'이다. 여기에 호르몬이 작용함으로써 인간은 남성화되는 것이다. 하지만 그렇다고 해서 이 사실이 이브의 늑골(Y염색체)을 하나 추가한 아담이 만들어졌다는 것을 의미하는 것은 아니다.

이와 같은 과학적 근거에도 불구하고 아직까지도 'Y염색체'에 관한 신앙은 살아있다. 그 전형적인 형태가 1장에서 언급한 야기 히데츠구八木秀次의 논리이다. 그는 한때 왕성했던 여성 천황 용인론을 유전자적 시점을 통해 철저하게 반박하고자 했다(『여성천황용인론'을 거부한다』, 세이류출판清流出版, 2004). 그의 논지는 천황제가 본질적으로 내포하고 있는 차별의 구조를 여실이 보여주는 '증상'으로서 검토할 필요가 있다.

여계女系가 무엇인가 하는 민감한 논의는 우선 제쳐두고, 야기의 주장을 들어보면 그 논리는 매우 단순하다는 것을 알 수 있다. 그에 따르면 오직 남계男系 만이 가치가 있는데 왜냐하면 '남계男系'라는 것은 남성의 성염색체인 'Y염색체'의 계승을 의미하기 때문이다. 이는 무슨 의미일까?

남성의 염색체는 XY인데 반해 여성의 염색체는 XX이다. 따라서 X염색체는 남녀 공통이므로, 생식을 통해 염색체에 포함된 유전자가 남녀간에 교환이 이루어진다. 그러나 Y염색체는 오직 남성만이 갖고 있다. 따라서 생식시 유전자의 교환이 일어나지 않기 때문에 남자에게만 온전한 형태 그대로 전해지게 되는 것이다. 따라서 여계女系 즉, 여성황제가 낳은 남성이 황위를 계승하는 것은 이 신무神武천황 이래의 'Y의 계보'를 단절시키는 폭거이다. 따라서 천황계는 남계男系로 유지되어야 한다.

이상이 야기의 논리인데 저자가 보기에 이 논리에는 적어도 세 가지의 문제가 있다. 먼저 이 논의에 있어서 "Y염색체에 어떤 가치가 있는가?"가 확실하지 않다. 두말할 나위도 없이 Y염색체가 어떤 기능을 담당하고 있는지 매우 애매하기 때문이다. 원래부터 Y염색체는 유용한 유전정보를 그다지 많이 갖고 있지 않기 때문에 잡동사니 창고라 불리기도 한다.

게다가 '변함없이 대대로 이어진'이라는 점에 관해서도 의문스러운 점이 많다. 최근의 연구결과에 따르면 Y염색체 중 일부가 X염색체와 교환이 이루어진다는 것이 밝혀졌다. 즉, Y염색체도 X염색체 정도까지는 아니더라도 유전정보를 계속해서 교환해 왔다는 것이 된다. 따라서 '변함없이 대대로 이어진'이라는 말 자체가 모순이다.

또한, 가령 Y염색체가 변함이 없었다 손치더라도, 그것은 그 나름의 새로운 문제를 야기시킨다. 왜냐하면, 그러한 논리를 따르자면 신무神武천황조차도 필연적으로 모든 남성의 기원이라고 말해지는 6만 년 전에 아프리카에서 태어난 한 남성(아담)과 Y염색체를 공유하는 자손이 되어버리기 때문이다.

이러한 논리라면, 신무神武 천황 이래의 'Y의 계보'는 현대 일본에 살고 있는 수천만 명의 남성에게 '그대로' 이어지고 있다는 것을 의미한다(징기스칸의 Y염색체를 이어받은 남성은, 현재 1,600만 명 정도에 이른다고 한다). 이러한 'Y의 하이퍼인플레이션'[37]은 천황제 자체의 가치를 무효화시킬지도 모른다.

이와 같이 남계男系=Y염색체의 계보 가설은 생물학적 뿐만 아니라 논리학적으로도 오류가 많음이 명백하다. 다만, 이와 같은 가설이 일시적이나마 생물학자를 포함한 많은 지식인들에 의해 지지되었던 사실을 잘 기억해 둘 필요가 있다.

젠더는 진화하는가

젠더의 생물학적인 근거는 지금까지 알아본 바와 같다. 그러나 여기에서 또 한 가지 검토해야만 할 분야가 있는데, 그것은 바로 '진화심리학進化心理學, Evolutionary Psychology'이다.

진화심리학이란 인간의 심리 매커니즘을 생물학적 적응適應이라는 측면에서 설명하고자 하는 새로운 시도의 학문을 말한다. 이 분야는 심리, 사회, 생물학과 같은 다양한 영역과 연관된 눈에 띄게 학제적인 학문영역으로서 주목을 받고 있다고 한다.

어떤 심리 매커니즘이 생존이나 번식 등 개체의 적응 전략상 유리하게 작용한다면 그 매커니즘을 가진 개체가 적자 생존의 원리에 의해 보다 많이 생존하고, 그 결과 그와 같은 심리 매커니즘

---

[37] 하이퍼인플레이션hyperinflation: 일본의 신조어로, 물가 상승과 통화 가치의 하락이 급격히 일기 시작하는 극도의 인플레이션을 가리킴.

도 종種 전체에 퍼져간다는 것이 진화심리학의 기본적인 발상이다.

이와 같은 종種의 논의에서는 인간의 심리에 도태라는 압력 혹은 강제가 가해진 시점을 대개 선사시대라고 본다. 남성들은 수렵을 하고 여성들은 육아를 담당했다는 바로 그 시대이다. 남성과 여성의 차이의 기본형이 이 시대에 형성되었다는 논의는 수없이 많은데, 앞서 비판한 『말을 듣지 않는 남자, 지도를 읽지 못하는 여자』에서도 이러한 논리가 반복되어 등장한다. 예를 들어 남성의 공간파악 능력이 뛰어난 것은 수렵과 채집에 유리하기 때문이며, 여성이 육아와 가사에 전념한 결과로서 언어 능력이 발달되었다고 하는 논리를 들 수 있다.

이 논리는 나름대로 상당히 설득력이 있기는 하지만 이에 대한 비판 역시 수없이 많다. 우선 '적응'이라는 것이 인간의 마음에 있어서 그 어느 것보다 중요한 항목인가 아닌가라는 문제를 들 수 있다. 저자 자신도 개인의 심리가 사회와 밀접한 관계를 맺고 있다는 것은 기꺼이 인정하지만 그 관계가 오직 '적응'을 목표로 하는 단순한 관계라고는 보기 어렵다고 생각한다.

게다가 이와 같은 종種의 설명은 이기적 유전자를 둘러싼 논의와 마찬가지로 항상 '결과론적 끼워맞추기'라는 인상을 지울 수 없다. 예를 들어 이와 같은 논리로 '은둔형 외톨이(히키코모리)'[38]를 분석해 보면, 이보다 더 '적응적適應的'인 행동은 찾아보기 힘들다. 왜냐하면, 마침 최근(2009년)에 신종플루가 대유행하기 시작했을

---

[38] 은둔형 외톨이(히키코모리): 방이나 집 등의 특정 공간에서 나가지 못하거나 나가지 않는 사람과 그러한 현상 모두를 일컫는 일본의 신조어로 히키코모리引き籠もり의 번역어. 정확하게는 폐쇄은둔족閉鎖隱遁族.

때였는데, 이와 같은 전 세계적인 전염병이 유행할 때에는 집에서 한 발자국도 나가지 않는 것이야말로 생존을 위한 최상의 선택이 될 것이기 때문이다. 여기에서의 문제는 무엇보다도 '적응'이라는 단어의 사용방법에 있다.

현대인에게 '생에 대한 욕구'와 '죽음에 대한 욕구'라는 서로 모순되는 두 가지 욕구가 있다고 한다면(저자는 이러한 욕구가 충분히 있다고 생각하지만), 양쪽 모두 '적응'이라는 용어로 이를 설명하는 것이 가능하다. 물론, '생에 대한 욕구'에 관해서는 설명할 필요도 없을 테지만 '죽음에 대한 욕구'도 '적응'을 통해 설명할 수 있을까? 설명할 수 있다면 과연 어떻게 설명할 수 있을까? 다름아닌 심리적인 갈등에 취약한 개체가 자살에 의해 도태됨으로써 집단 전체가 이와 같은 정신적 질병에 의한 악영향을 피해 살아남는 것이 가능하다는 논리가 그것이다.

저자가 여기에서 말하고자 하는 것은, '개체의 생존'이라는 차원의 이야기라면 모르겠지만 '종種의 존속'이라는 차원까지 확대해 버리면 어떤 모순된 행동도 나름대로 합리화가 되어버린다는 점이다. 이와 같은 것조차 모두 '적응'이라고 부른다면 반대로 '적응'이 아닌 '비 적응'은 무엇인지 도대체 알 수가 없게 되어 버리고 말 것이다. 물론, 비달 등도 이와 같은 종種 차원의 논의에 대해 비판적인 입장을 취하고 있다.

그녀들이 지적하고 있는 진화심리학에 있어서의 가장 큰 문제점은 선사시대의 사회활동에 관한 단서가 너무나도 적다는 점이다. 과연 우리들의 선조들이 정말로 '남성은 수렵, 여성은 육아'라고 하는 분업제도를 채택하고 있었다고 단정할 수 있을까? 오히려 여성이 사냥이나 전쟁에 참가했었을 가능성을 시사하는 발굴자료도 존재하기 때문이다.

때문에 비달은 다음과 같이 결론짓고 있다.

생물학적 서열을 통해 남녀차별을 하는 것은 역사를 무시하고, 현실을 무시하는 행위이다. 남성의 여성에 대한 우월성은 인간의 사고를 통해 조직되고 법제화된 것이기 때문이다.

그러나 두말할 나위도 없이 이와 같은 비달의 논리가 최종적인 결론은 아니다. 그리고 더욱이 젠더의 생물학적인 기반이 터무니없다고 말하고자 함도 아니다. 저자는 단지, 젠더와 생물학의 관계는 일반을 대상으로 한 남녀의 차이에 관한 책에서 주장하고 있는 것 이상으로 복잡하기 때문에, 그 복잡한 관계를 이미지화 하기 위해서도 그녀들의 알기 쉽고 명쾌한 주장이 보다 널리 소개되었으면 하고 생각할 따름이다.

제3장

모든 결혼은 왜 불행해지는가

결혼기피는 왜 증가하는가

어떤 의미에서 젠더의 차이가 빈번하게 그리고 가장 첨예하게 문제를 일으키는 곳은 바로 결혼생활이라고 할 수 있을지도 모르겠다. 1장에서도 언급한 바와 마찬가지로 제도상의 남녀 차이는 가능한 한 적으면 적을수록 바람직하다. 그러나 이성異性이 서로 타자라는 사실에는 변함이 없다. 오히려 형식적인 측면에서 남녀평등이 철저하게 이루어지지 않으면 않을수록, 사실로서의 타자성이 도드라지기 십상이다. 다시 한 번 말하지만, 저자가 이 책에서 말하고자 하는 바는 이러한 타자성을 절대화하거나 고정화시키지 않도록 하기 위함이다.

현재, 젊은이들의 사이에서는 결혼기피가 급속도로 퍼지고 있다. 2005년의 통계를 따르면 일본의 30대 전반의 남성의 약 50%가, 20대 후반의 여성의 약 60퍼센트가 미혼이다. 게다가 사회학자인 야마다 마사히로山田昌弘씨가 명명命名한 '패러사이트 싱글(캥거루족)'[39]의 인구는 현재 1,100만 명에 이른다고 한다. 그런데

---

[39] 패러사이트 싱글パラサイトシングル, Parasite single: 일본의 신조어로, 경제적 독립을 이뤄내지 못한 주로 20대 중후반의 이후의 독신자로서 부모의 경제력에 의지하여 살고 있는 사람들을 일컫는 말. 한국에서는 캥거루족이라고도 한다.

패러사이트 싱글이 가장 많았을 때는 약 1,200만 명에 이르렀다. 그렇디먼 이와 같은 통계상에서 감소한 듯이 보이는 100만 명이 곧 결혼했다는 것을 의미하는 것일까? 그러나 유감스럽게도 그렇지 않다. 패러사이트의 정의는 나이 상한이 34세까지기 때문에 사라진 100만 명은 아마도 대부분 독신인 채로 35세가 되어 단지 통계에서 제외되었을 뿐일 가능성이 높다.

그렇다면 왜 젊은이들은 결혼에서 도피하기 시작한 것일까?

이에 관해서는 많은 설이 있기 때문에 한마디로 정의하는 것은 쉽지 않다. 다만, 지금 저자가 말할 수 있는 것은 옛날에는 결혼을 하고 나서야 진정한 성인으로서 인정을 받았다. 다시 말하면 특정 연령을 넘어서도 독신인 채로 있는 성인은 지금 이상으로 성인으로서 인정받지 못했던 사회였던 것이다.

근대 후기에 이르러서는 취직과 결혼이 이제는 더 이상 '당연한 전제'가 아니게 된다. '결혼(취직)하는 것이 당연'한 사회에서 '결혼(취직)은 본인의 선택'이라는 사회로 이행됨에 따라, 결혼은 취향 혹은 선택의 문제가 된 것이다. 아마도 결혼으로부터의 도피는 젊은이들이 자신의 의지로 선택한 것이라고는 보기 어렵다. 다시 말하면 많은 젊은이들이 '결혼 따위 필요없어.'라고 생각하기 시작했다는 것이 아니라는 것이다. 결혼기피 경향의 실마리는 어디까지나 결혼이라는 개념에 '선택의 여지'가 도입되었다는 점에서 찾을 수 있다. 즉, 이는 특정 형태의 자유가 오히려 부자유를 초래한다는 역설을 보여주는 것이 아닐까 한다. 이리하여 성애와 가족과의 사이에는 돌이킬 수 없는 엇갈림이 생기게 된 것이다.

그런데 선택의 여지가 생기면 젊은이들은 결혼을 하지 않게 된다. 이는 이해할 수 없는 현상으로 보아야만 할까? 그러나 저자는 일찍이 "인간은 왜 결혼을 하는 것일까?"라는 의문을 제기한 적이 있다.

> 적어도 외견상 '개인'에게 있어서 '결혼'처럼 그 이상 터무니없는 행위는 없어 보인다. '로맨틱한 사랑'이라는 비합리적이며 종종 허위로 가득찬 감정을 중심으로 생활의 모든 것이 제도적으로 구축된다. 원래부터 생판 남남인 이성과 함께 생활한다는 스트레스 가득한 경험이, '사랑'이라는 명목하에 억지로 긍정되어 가는 과정 자체가 부조리한 것이다. 이는 말하자면, 합리성이 비합리성을 위해 희생되는 시스템으로, 아무리 생각해도 부조리하다고 볼 수 밖에 없는 것이다. 그러나 학습능력이 이처럼 발휘되지 못하는 영역도 드물다. 사람들은, 아니 우리들은 막대한 실패사례를 눈앞에서 목격하고서도 같은 실패를 질리지도 않고 반복해 왔다. '성공사례'는 극히 드물고, 그러한 케이스는 CF나 드라마 등의 가상공간에만 존재함에도 불구하고 말이다. 즉, 결혼에 한해서만은 어찌된 일인지 '학습'이 성립하지 않는다. ─『가족의 흔적家族の痕跡』, 치쿠마쇼보筑摩書房, 2006년.

그렇다면 근래의 결혼기피 현상은 젊은이들이 마침내 앞선 세대들의 실패를 깨닫기 시작했다는 것을 의미하는 것일까?

아무렴, 배워야할 지혜는 많고도 많다. 여기에서는 우선 저자의 말보다는 엄청난 숫자의 옛 사람들의 한탄에 귀를 기울여보는 편이 좋을 듯싶다.

- 웨딩케익은 이 세상에서 가장 위험한 음식이다.(미국 속담)
- 인간의 모든 지식 중에서 결혼에 관한 지식이 가장 뒤떨어져 있다.(발자크)
- 올바른 결혼의 기초는 상호 오해에 있다.(와일드)
- 모든 비극은 죽음을 통해서 끝나고, 모든 인생극은 결혼을 통해 끝난다.(바이런)
- 부인에게 있어서 남편이 의미있는 경우는, 오직 남편이 집을 비우고 있을때 뿐이다.(도스토예프스키)
- 올바른 결혼생활을 보내는 것은 좋다. 그러나 그보다도 더 좋은 것은, 아예 결혼을 하지 않는 것이다. 물론 그것이 가능한 사람은 거의 없다. 하지만 그것이 가능한 사람은 진정으로 행복한 사람이다.(톨스토이)
- 결혼-일찍이 그 어떤 나침반도 발견된 적이 없는 거친 바다.(하이네)
- 결혼을 종종 복권에 비교하지만, 그것은 올바르지 않다. 복권이라면 당첨되는 경우가 있기 때문이다.(버나드 쇼)
- 결혼해라, 그러면 당신은 후회할 것이다. 결혼하지 말라, 그렇다면 당신은 후회할 것이다.(키에르케고르)
- 3주간 서로를 연구하고, 3개월간 서로를 사랑하고, 3년간 싸우고, 30년간 참고 산다. 그리고 아이들이 이를 똑같이 반복한다.(텐)
- 인간은 판단력의 결여에 의해 결혼하고, 인내력의 결여에 의해 이혼하며, 기억력의 결여로 재혼한다.(아르망 살라크루)
- 고독이 두렵다면 결혼하지마라.(체홉)
- 좋은 결혼은 있어도, 즐거운 결혼은 드물다.(라로슈푸코)
- 결혼은 수 많은 사소한 멍청한 짓들을 끝내도록 도와준다. 다만,

이는 하나의 거대한 멍청한 짓이다.(니체)
- 사람들은 잘못된 이유로 결혼하고, 올바른 이유로 이혼한다.(미야모토 미치코)
- 결혼은 거의 모든 사람들이 환영하는 악惡이다.(메난드로스)

만일 당신이 기혼자라면 이 말들을 어떻게 받아들일까 궁금하다. 공감한 나머지 자기도 모르게 한숨을 내쉬며 깊이 고개를 끄덕이지는 않을까?

미혼자라면 어떨까? "그런건 옛날이야기 아닌가요? 시대도 틀리고, 뭐랄까 우리들은 좀 더 머리가 좋으니까 상관없을 듯. 아무튼, 격언 따위 짜증나!" 같은 반응을 보일까?

그 어느 때보다도 정보교류의 장벽이 낮아진 현대에 있어서도 어쩐 일인지 결혼에 관한 지혜만큼은 뒤떨어진 채로 공유되고 있지 않아 보인다. 분명히 결혼기피는 진행중인데 이는 아르바이트로 생계를 꾸려나가는 사람이나 니트[40]처럼 '하고 싶지만 기회가 없는' 사람들이 상당히 많이 포함되어 있기 때문이기도 하다.

그렇다면 저자 본인은 이와 같은 결혼 문제에 대해 어떻게 생각하고 있을까? 이러한 이야기를 마치 자신과는 상관없는 남의 일처럼 다룬다면 불성실하다는 비난에서 자유로울 수 없을 듯 싶다. 저자는 예전에 한 번 결혼을 경험하고, 2년 후 재혼하여 치바千葉에 살면서 주말에만 이바라키茨城에 머물고 있는 사실혼 상태에 있다. 최초의 결혼은 10년간 지속됐지만 앞서서 언급한 명언

---

[40] 니트NEET: Not in Education, Employment or Training. 학생도 아니고 직장인도 아니면서 그렇다고 직업 훈련을 받지도, 구직 활동을 하지도 않는 젊은이.

들에 대해 개인적으로 심각하게 공감하는 부분이 많았다고 하면 저자의 결혼생활이 과연 어떠한 것이었는지 굳이 이야기하지 않아도 충분히 알고도 남을 것이다. 그렇다면 왜 질리지도 않고 재혼은 했을까? 말할 것도 없이, 처음의 실패를 겪고 많이 현명해졌기 때문이다. 정확히 말하면 현명해졌다고 생각했기 때문이다.

아마도 결혼이 휘감고 있는 광채(와 같은 무엇)에는, 일생의 반려자를 맺는 계약관계를 그럴만한 가치가 있는 성애관계처럼 보이게 하는 어떤 우연과도 같은 성질(우유성)[41]이 존재하기 때문일지도 모른다. 즉, 관계의 우유성은 '운명적 만남'과 같은 형태로 마치 희소가치가 있는 그 무언가처럼 인식되기 쉬운 것이다. 행복인지 불행인지 모르겠으나 현대에 이르러서도 이와 같은 우유성은 합리적인 판단을 초월하는 경우가 많이 있는 것 같다.

그리고 소위 '성공한 인생'이라는 이미지에는 누가 뭐라고 해도 '결혼'이 '자녀'나 '멋진 애완동물' 이상으로 중요한 조건이 되고 있다. 즉, 대부분의 사람들이 합의 가능한 '성공한 인생'의 모습에서 '결혼'은 아직까지 빼놓을 수 없는 중요한 조건인 것이다. 그리고 사람들은 스스로의 나르시즘과 관계된 '이상理想 혹은 꿈'에 관해서는 결코 학습하려하지 않는다. 꿈에 관해서는 누구라도 언제든지 '자신만은 예외'라고 생각한다. 다시 말하면, 학습이란 것은 자신의 꿈과 전혀 접점이 없는 역영에서만 일어나는 특이현상인 것이다.

이와 같이 아직까지 결혼 그 자체의 가치는 전혀 떨어지지 않

---

[41] 우유성偶有性: 사물이 일시적으로 우연히 가지게 된 성질.

았다. 정부나 자치단체도 저출산 문제에 대한 대책이라는 명목하에 어떻게든 젊은이들의 결혼을 장려하고자 노력하고 있다. (다만, 그 방법은 그다지 칭찬할 것이 못 된다. "결혼하면 이렇게 좋은 점이 많다."는 수상쩍은 설득과 "결혼하지 않는 사람은 결국 비참한 꼴이 된다."는 저열한 협박이 한 쌍을 이루고 있는 경우가 대부분이기 때문이다.)

사회적으로 결혼을 장려하는 분위기임에도 불구하고 결혼기피현상이 일어나는 것은 앞서 언급한 것처럼, 역시 결혼과 관련된 의무감이나 세대간의 강요나 압력이 줄어든 것이 가장 크게 작용한 것으로 보인다. 이것이 바로 선택이 자유롭게 되었음에도 불구하고 역설적으로 '망설임'의 수위가 높아져버린 까닭이다.

앞서 언급한 야마다 마사히로山田昌弘는 최근 '결혼활동(일본 신어, 콘카츠婚活)'이라는 신조어를 유행시킨 것으로 유명하다(야마다 마사히로, 시라카와 모모코, 『콘카츠婚活 시대』 디스커버케이쇼ディスカヴァー携書, 2008년). 야마다씨에 따르면, 결혼기피의 원인은 결혼을 둘러싼 환경의 변화에 있다고 한다. 특히 연애의 자유화와 가치관의 다양화에 따라 맞선을 통한 결혼이나 직장에서의 결혼이 감소했다고 한다. 즉, 젊은 남녀가 어쩌다보니 결혼하게 되는 시스템이 붕괴하고 인기있는 사람과 그렇지 못한 사람 사이의 격차가 벌어진 결과, 결혼을 하고자 한다면 취직과 마찬가지로 활동이 필요하게 된 것이다. 이와 같은 '어쩌다보니 결혼'이라고 하는 부분에는 앞서 언급한 '의무감'이나 '주위의 압력' 등도 포함되어 있을 것이다.

실제로 고도 성장기 시절의 결혼풍경을 지금 들어보면, 어쩌면 그리도 앞뒤 볼 것 없이 일사천리로 결혼을 진행했는지 놀랄 따름이다. 친구의 딸의 결혼을 상담받은 회사 간부가 독신인 부하직원을 적당히 얼버무려서 만나게 하는 것이 당연시되었던 시대는 그렇게 먼 과거가 아니다. '중매쟁이'조차 멸종되어 버린 현대의 젊은이들의 시각에서 바라보면 격세지감을 느낄 수 밖에 없겠지만 말이다.

옛날에는 '결혼'을 가능하게 했던 대인관계가 충실했던 시대였다. 그러나 현재의 결혼은 거의 개인과 개인의 커플 성립 여부에 달려있다. 이러한 상황에서 젠더의 이질성異質性 역시 결혼에 대한 주저에 큰 영향을 미치는 것은 아닐까? 결혼기피라는 현상의 수면 하에는 이러한 요소가 잠재하고 있는 것은 아닐까? 이어서 이와 같은 '이질성異質性'에 관해서 검토해보자.

결혼생활의 근원적인 엇갈림

앞서 언급한 바와 같이 결혼은 그 어떤 행위보다도 터무니없는 행위임에 틀림없다. 그것은 결코 안정적인 행복을 약속해주지 않음에도 불구하고, 왠일인지 지금까지 절대적인 행복의 심볼로서 흔들림 없는 지위를 보장받아왔다. 제대로 호적에 등록된 가족을 갖는다는 것은, 사회에서 인정받는 데에 있어서 지금까지 빼놓을 수 없는 조건이었다.

그 때문에 임상심리학자인 저자의 곁에는 결혼에 의해 불행해진 사람과 결혼을 할 수 없어 불행해진 사람들이 수도 없이 찾아온다. 물론, 행복한 사람이 정신과 의사를 찾아올 리 만무하기 때문에 이는 어쩔 수 없는 일이기는 하지만 말이다.

이 근본적인 엇갈림 혹은 괴리는 이 책의 제목이며 기본적인 주장인 젠더의 차이에서 가장 극명히 드러난다. 즉, 결혼에 대한 의미를 '소유'에서 찾으려 하는 남자와, '관계'에서 찾으려고 하는 여성의 차이가 바로 그것이다. 이 '소유'와 '관계'의 대립은, 결혼에만 한정되지 않으며 도처에서 발견할 수 있다. 그렇기 때문에 이는 남녀가 갖기 쉬운 환상의 차이 중에서 가장 보편적인 것이라고 말할 수 있겠다. 말하자면 남녀가 각각 갖고 있는 '사랑의 형태'에 이와 같은 차이가 있다는 것이다. 좀 더 구체적으로 논해보도록 하자.

여성은 결혼을 '새로운 관계의 시작'이라고 생각할지도 모른다. 하지만, 남성은 결혼을 '성애관계의 하나의 귀결'이라고 생각한다.

사소한 경향을 너무나 일반화한 것이라고 생각하는가? 물론, 얼마든지 예외는 있을 수 있다. 그렇지만, 이 차이는 상당히 결정적인 것이라고 생각한다. 저자만이 홀로 예외라고 생각하지 않는다.

부부관계를 "이미 낚은 물고기에게는 미끼를 주지 않는다."라고 표현하는 사람이 있다. 이와 같은 말을 하는 사람은 거의 열이면 열, 남성이다. 그렇게 적나라하게 표현하지 않더라도 이러한 심정은 다소간 적지 않은 기혼 남성들 사이에서 공감대를 형성하고 있을 것이라고 생각한다. 즉, 이것은 '소유의 발상'의 전형적인 형태인 것이다.

일일이 해설할 생각은 없으나 '이미 낚은 물고기'란 두말할 나위도 없이 아내를 가리킨다. 즉, 결혼이라는 제도를 통해 자신이 소유하게 된 여자를 말한다. 따라서 이 말은 다시 말하면, "이 여자를 획득하기까지 여러가지 서비스를 제공하거나 싫은 일을 참아내는 것은 힘들었지만, 이제 이 여자는 자신의 소유물이 되었기 때문에 이 이상 쓸데없는 서비스는 제공할 필요가 없다."라는 말이 된다.

성애관계를 소유로 생각하기 쉬운 남성에게 있어서 결혼은 이를 테면 (실례되는 표현이지만) 소에게 낙인을 찍어 목장의 울타리 안에 집어 넣는 행위인 것이다. 다소 방치해 두어도 울타리가 있기 때문에 소는 그리 간단히 도망가지는 않는다. 또한 만에 하나 도망가더라도 낙인을 찍어 두었기 때문에 다른 그 누구도 손을 대지 않는다. 그렇다, 낙인은 반지이며 울타리는 가정이다. 그렇기 때문에 남자들은 빠르든 늦든간에 다소간의 차이가 있을 수 있으나, 허니문 기간이 끝나버리면 차츰 부부관계에 있어서의 노력을 게을리하게 된다. 게을리하기는커녕 열심히 노력하고자 하는 아내의 노력을 무시하거나 냉소하며 상대해 주지 않기도 한다. 사실 여기에는 남성의 어리광 혹은 방심이 자리잡고 있다. '일단 자신이 소유한 여성은 자신을 절대 배신하지 않을 것이다.'라는 전혀 근거없는 확신이 바로 그것이다.

앞서 저자는 실례를 무릅쓰고 여성을 소에 비유했는데, 일단 소를 소유한 남성은 보다 많은 소를 갖고 싶어지게 된다. 그렇다, 소유원리는 끝도 없이 팽창하는 성질을 갖고 있는 것이다. 여성과의 성애관계는 남성에게 있어서 그대로 '해치운 사냥감의 수'를 의미하며, 현재 관계하고 있는 여성의 수는 '자신이 울타리 안에 넣은 소의 숫자'를 의미한다. 그 숫자가 많으면 많을수록 남성은 자신의 능력을 자랑스럽게 생각하게 된다. 또한 실제로 다른 남성에게 이를 자랑스럽게 뽐내기도 한다.

이토 세이(伊藤整)의 1954년(쇼와昭和 29)의 베스트셀러『여성에 관한 12장女性に関する十二章』(추오코론샤中央公論社)에는 다음과 같은 구절이 있다.

> 남성에게 있어서 성性의 역할은 본래 강렬하고 적극적이며 다수를 향하고 있는데 이는 가능하면 다수의 여성과 접할 수 있도록 만들어져있기 때문입니다. 그에 반해서 여성의 성性은 수동적이며 소극적이며 하나의 보금자리를 안전하게 지킴으로써 안정되게 자식을 키울 수 있도록 되어 있습니다. 이는 많은 동물들의 경우를 보아도 명확한 것입니다. 만일 남성에게 이와 같은 적극성이 사라지고 남성이 여성과 같이 조용하고 수동적이며 수용적으로 된다면 그것은 남성적 요소가 결여된 것으로 거세상태가 되었다고 볼 수 있습니다.

이와 비슷한 논리로 남성은 유전자를 뿌려 자손을 많이 남기고자 하는 생물학적 사명을 짊어지고 있기 때문에 바람기가 있다는 설은 익히 들어 알고 있을 것이다. 그러나 이토씨는 그렇다고 해서 남성의 바람을 공공연히 인정하자고 주장하지 않는다. 오히려 여성에 대해 바람을 피우지 않는 남편은 억누르기 어려운 성性의 힘과 자격지심을 필사적으로 억누르고 있기 때문에 이에 관해 조금 더 감사하는 마음을 가질 필요가 있다고 말한다. 작가로서의 최소한의 양식을 발휘한 것이겠지만, 아무래도 발언 외적인 면이 오히려 강렬한 인상을 남긴다.

그것이 이토씨가 말하는 것처럼 '본능'인지 아닌지는 차치하고, 남성이 여성 이상으로 복수의 이성과의 관계를 추구하는 경향은 사회, 문화적인 차이를 넘어서 보편적인 것이라고 말해도 좋을 것이다. 때문에 세계에는 이슬람권의 일각에서처럼 일부다처제―夫多妻制의 예는 많아도 일처다부―妻多夫의 예는 거의 찾아볼 수 없다. 만일 남녀에게 있어서 결혼관이 평등하다면 일처다부를 가진 민족도 비슷한 비율로 있을 법도 하다. 하지만, 현실에는 그와 같은 예는 거의 없다. 그 이유는 무엇일까? 물론 그에 대한 이점이 적기 때문이라는 설이 있는데, 일부다처제라면 부인의 수만큼 자식을 늘릴 수 있지만 일처다부의 경우 남편의 수만큼 자식을 늘리를 데에는 한계가 있다. 게다가 아버지가 누구인지 모르게 되는 것도 문제가 된다.

번식이라는 측면에서 생각해 보면 일처다부보다도 일부다처 쪽이 월등하게 유리하다. 지금에 이르러 출산률 대책으로써 일부다처제를 부활시키자고 생각하는 사람이 놀랄 만큼 많은데 아마도 일부다처제의 부활은 불가능할 것으로 본다. 그러한 일부다처라는 관계성을 허용할 수 있는 여성은 이제 거의 없기 때문이다.

그러나 어쩌면, 이러한 번식의 비대칭성으로부터 '소유원리'와 '관계원리'를 진화론적으로 이끌어낼 수 있다고 생각하는 사람도 있을지도 모른다. 번식을 위해서 남성은 보다 많은 여성의 '소유'를 추구하는 경향이 있으며, 부친의 혈통을 지키고 자식을 키우기 위해 여성은 '관계'를 소중하게 다룬다고 하는 것이 바로 그것이다.

물론 저자는 이와 같은 논리에는 찬성할 수 없다. 오직 '진화'에서만 그 원인을 찾으려고 하는 입장은 현대에 있어서 '일부

일처제'가 가장 우위에 있는 이유를 논리정연하게 설명할 수 없기 때문이다. 번식력이라는 점에서 보자면, 로맨틱한 사랑과 이데올로기에 기초한 일부일처제는 더욱더 불리한 제도이기 때문이다. 이는 현대의 저출산 경향을 보면 바로 알 수 있다. 역시 '소유원리'와 '관계원리'의 차이를 유전자나 진화론만으로 설명하는 것은 상당히 억지스러운 면이 있다는 것을 알 수 있다.

다소 이야기가 삼천포로 빠졌지만, 이번에는 여성의 '관계원리'의 측면에서 고찰해 보도록 하자. 여성은 결혼을 새로운 관계성의 시작이라고 생각한다. 그렇기 때문에, 관계성의 유지를 소중하게 여긴다. "우리 안사람만은 틀려."라고 말하는 소리가 다수 들리는 듯하지만, 사실 저자는 그러한 의견에는 의심스러운 점이 많다고 생각한다.

여기서 일단, 저자의 전문분야에 관한 이야기로 돌아가 보자. 은둔형 외톨이(히키코모리) 문제를 안고 있는 가족과의 상담에서 걱정스럽게 찾아오는 것은 대부분 어머니이다. 아버지가 찾아오는 경우는 대개 어머니의 설득에 어쩔 수 없이 끌려온 경우가 대부분이다. 가끔 아버지가 혼자서 찾아오는 경우도 있다. 그러나 그런 경우에도 이야기를 찬찬히 들어보면, 처음에는 어머니가 열심히 노력했지만 아버지가 너무나도 무관심한 까닭에 어머니가 질려서 포기해 버렸기 때문에 어쩔 수 없이 아버지가 당황해서 움직인 경우가 대부분이다. 즉, 열심인 어머니와 무관심한 아버지라는 조합이 압도적으로 많다.

아이에 대한 태도도 대조적이다. 만사에 있어서 아이의 문제에 대한 책임을 느끼기 쉬운 어머니와 달리 아버지는 철저하게 문제로부터 도망가려고 하는 경향이 강하다. 눈 앞의 아이가 학교에 가는 것을 기부하고 집에 처박히는 은둔형 외톨이(히키코모리)가 된 상태에서조차 모든 책임을 어머니에게 떠넘기길 작정하고 모른 척 한다. 그 중에는 "당신의 교육에 문제가 있어."라고 아내를 비판하는 아버지도 적지 않다. '교육은 어머니의 책임'이라고 믿어 의심치 않는 자세에는 육아에서 도망치고자 하는 아버지의 자세가 엿보인다. 저자는 여기에서도 소유원리와 관계원리의 엇갈림을 목격한다.

남성에게 있어서 처자식은 소유물이다. 자신의 울타리안에서 생각대로 있어주기만 한다면 그 어떤 불만도 없다. 그러나 만일 처자식이 속한 처지에 만족하지 않고 자기주장을 하기 시작하면 남성들이 취하는 행동은 어김없이 정해져있다. 화를 내거나 도망가거나, 아니면 양쪽 모두를 하든가. 추가하자면 '필사적으로 참는다'는 것은 전형적인 '도망' 중의 하나이다.

아내의 입장에서 보자면 아이의 문제는 관계의 문제이다. 따라서 대화를 통해 관계를 개선하여 문제를 해결하고자 하지만 정작 남편은 문제로부터 도망치기 바쁘다. 물론 아이의 위기를 통해 관계를 재구축 가능한 가족도 있으리라. 그러나 대부분의 경우, 아이의 문제는 부부간의 갈등을 악화시키기만 할 뿐이다.

여기에서 많은 남성들로부터 "아버지는 밖에서 일하며 돈을 벌어오는 것을 통해 처자를 부양하고 있지 않은가? 그것만으로는 충분하지 않다는 말인가?"라는 반론도 예상할 수 있다. 하지만, 유감스럽게도 저자는 이렇게 대답할 수 밖에 없다. "예, 부족합니다."라고. "먹여주는 대신 가족을 돌봐."라는, 한편으로 아주 정당한 거래인 것처럼 보이는 이와 같은 주장은 부부관계에 계약이라는 소유원리를 일방적으로 강요하고 있는 것에 다름 아니다.

일찍이 여성도 당연하게 이 소유원리에 따라 자신을 스스로 납득시켰던 때가 있었다. 사회도 세상도 이러한 '계약'의 정당성을 지지해 왔기 때문이다. 아마도 '전업주부'라는 것은 이러한 소유원리에 입각한 계약의 발상에 맞추어 여성에 강요된 생활형태라고 볼 수 있을 것이다. 저자가 너무나도 불행한 전업주부만을 진단해왔던 탓인지도 모르지만, 이와 같은 계약형태는 이제 슬슬 한계가 아닌가 하는 생각이 들기도 한다.

관계원리에 따라 살아가는 여성에게 있어서, 오직 '계약'뿐인 부부관계는 마지막까지 본질적인 위화감을 초래하는 것이다. 단순한 경제적 안정과 바꾸어 섹스리스는 물론이려니와 대화도 행동도 함께하지 않는 부부관계가 계약만으로 성립되던 시대는 끝나가고 있다. 앞으로의 부부관계에서는 계약만이 아니라, '관계성의 관리'가 필수적으로 요구될 것이다.

농담에 나타나는 엇갈림

이와 같은 엇갈림은 오직 일본만의 문제인 것일까?

물론 그렇지 않다. 결혼생활에 관한 엇갈림은 서양에서도 흔한 농담의 소재가 된다. 예를 들어 'Men Are Just Simple People: 남자는 그저 단순한 사람들이야'라는 타이틀의 웹페이지를 인용해 보자.[42] 다소 위화감을 느낄만한 부분도 있지만, 깜짝 놀랄정도로 공감되는 부분도 많다.

- 돈…남성의 경우, 필요하다면 1달러의 물건에 2달러도 기꺼이 지불한다. 그러나 여성은 필요하지 않아도 세일 중이라면 2달러의 물건을 1달러에 산다.
- 세면대…남성은 대략 6가지의 물건을 둔다. 칫솔, 치약, 면도크림, 면도기, 비누, 타올. 반면 여성은 평균 337개의 물건을 둔다. 남성은 그 중 20개 정도를 제외하면 도통 그 용도를 알 수가 없다.
- 미래…여성은 결혼할 때까지 미래에 관해 이것저것 생각하며 고민한다. 하지만, 남성은 결혼하기까지 미래를 걱정해 본 적이 없다.
- 결혼…여성은 남성이 변할 것을 기대하고 결혼하지만, 남성은 변하지 않는다. 한편 남성은 여성이 변하지 않을 것이라고 기대하며 결혼하지만 여성은 변한다.
- 성공…성공한 남성이란, 아내가 낭비하는 이상으로 많이 버는 남성을 말한다. 다만, 성공한 여성이란 그런 남성을 차지한 여성을 말한다.
- 자녀…여성은 아이의 모든 것을 알고 있다. 치과 예약 내역, 연애, 친구, 좋아하는 것, 마음 깊은 곳의 두려움, 희망, 그리고 꿈에 이르기까지 모든 것을 알고 있다. 하지만 남성은 어렴풋이 '조그만 인간'이 언제나 집에 있다는 것을 느낄 뿐이다.

---

[42] http://www.laughitout.com/2009/03/men-are-just-simple-people.html(저자 주)

이러한 류의 농담은 얼마든지 있기 때문에 웃으며 흘려들으면 그만이다. 그러나 여기에는 사람들이 젠더에 관해서 어떤 이미지를 갖고 있는가가 상당히 과장된 형태로 표현되어 있다. 물론 이는 환상에 지나지 않지만 자신이 품고 있는 환상을 통해서도 영향을 받는 것이 인간인 것이다. 즉, 이와 같은 쓰잘데기 없는 농담에도 젠더의 기본원리를 읽어내는 중요한 열쇠가 숨겨져 있는 것이다.

그렇다면, 과연 이와 같은 농담에 어떠한 남성과 여성을 나누는 행동원리의 차이가 나타나는 것일까?

예를 들어, 남성이 소유원리에 따라 움직인다고 하면, 남성이 바겐세일에 민감하게 반응한다고 해도 이상할 것이 없을 것이다. 혹은 여성이 세면대에 대량의 화장도구를 놓는 것과 소유욕은 어떻게 다른걸까? 보다 많은 것을 소유하고 있는 남성을 소유하고자 하는 여성이야말로 궁극의 소유원리주의자인 것은 아닐까?

그렇다. 표면적으로는 그렇게 해석할 수도 있을지도 모른다. 그러나 조금 더 곰곰이 생각해 보면, 역시나 남녀의 행동의 근저에 위치한 것은 '소유'와 '관계'의 대립이라는 결론에 다다르게 되는데 이에 관해 차례로 검토해 보도록 하자.

우선 '돈'. 소유가 중요한 남성에게 있어서 돈은 소유를 위한 수단에 불과하다. 그렇기 때문에 어떻게 해서든 갖고 싶은 것에 돈을 쓰는 것에 대해 거부감이 없다. 물론, 돈 자체가 소유욕의 대상이 되는 경우도 있기 때문에, 그러한 경우에는 소비활동 보다는 오로지 수입과 저축을 늘리는 것을 목적으로 하는 경우가 있을 수 있다.

여성은 소비행동 자체에서 가치를 찾는다. 상품 그 자체에 대한 욕망 이상으로, 소비행동을 통한 '싸게 살 샀다'는 만족감에 약한 것이다. 따라서 '세일·바겐세일'과 같은 말의 반향이 남성과 여성에 있어서 상당히 큰 차이를 보이는 것이다. 이때 여성이 가치를 발견하는 것은 물품을 소유하는 것 이상으로 소비활동과 연관된 다양한 관계성 쪽이다. 이는 예를 들면, 판매자와의 관계에서 우위를 점하는 것, 혹은 자신과 같은 물건을 산 친구보다 좋은 가격에 구입했다는 것 등을 들 수 있겠다.

남녀에게 공히 있을 수 있는 것은 소비 그 자체가 목적이 되는 경우로, 이는 말하자면 '과시적 소비(베블렌 효과[43])'에 해당한다. 다만, 이 때 남성의 경우에는 고가의 상품을 구입하는 자신에 대한 자기애가 중심이 된다. 즉, 화려한 소비활동을 하는 자기 이미지를 소유하고자 한다는 것을 의미한다. 한편, 여성의 경우 고소득 파트너와의 관계성을 과시하는 데에 비중을 두기 쉽다.

그렇다면, '세면대'의 차이는 어떨까? 여기에는 옷차림이나 화장에 관한 문제를 다루고자 한다. 일반적으로 중년 이상의 남성들은, 자신의 외견에 놀랄만큼 관심이 없다. 특히 결혼 후에는 더더욱 그렇게 되기 십상이다. 한편 여성의 경우 쓰레기를 버리러 가면서도 화장을 한다.

남자에게 있어서의 단정한 옷차림이란 매너적인 부분을 제외

---

[43] 베블렌 효과Veblen effect: 남들보다 돋보이거나 뽐내고 싶어서 비싼 물건일수록 사려드는 인간의 심리를 가리키는 경제용어. 베블렌 효과는 주위 사람들에게 자신의 부를 과시하기 위하여 몇천만 원에 달하는 침대, 수천만 원대의 옷, 수억 원대의 자동차를 선뜻 구입하는 사람들의 소비 심리를 표현하는 말이다.

하면, 그 나머지는 젊었을 때에 효과적으로 이성을 획득(=소유)하기 위한 수단에 지나지 않는다. 따라서 결혼한 여성을 이미 소유한 이상, 상식 이상의 옷차림에 신경을 쓴다는 발상이 여간해서는 나오지 않는 것이다.

그러나 여성은 다르다. 그녀들은 자신의 신체성에 남성보다도 훨씬 신경을 쓴다. 왜일까? 마지막 장章에서 자세히 다루겠으나 여성에게 있어서 관계성과 신체성은 거의 동일하기 때문이다. 그렇기 때문에 이성에게 한정됨 없이 동성 간의 관계를 유지하는 데에 있어서도 외모가 차지하는 비중이 매우 큰 것이다.

한번 상상해보기를 바란다. '옷차림에 신경쓰지 않음에도 불구하고 그 사람은 인망이 두텁다.'는 평판을 얻고 있는 사람은 여성과 남성 어느 쪽이 많을까? 아마도 이 조건은 여성보다는 남성 쪽이 보다 쉽게 클리어할 수 있는 조건일 것이다. 그렇다. 여기에 젠더 바이어스gender bias 즉, 성적 편견이 자리 잡고 있는 것이다.

'미래'와 '결혼'에 관해서 알아보도록 하자. 앞서 언급한 바와 같이, 여성은 결혼을 새로운 관계의 시작이라고 받아들이며 거기에서 '보다 좋은 변화'를 기대하게 된다. 결혼은 그러한 관계에 희망을 갖고 있는가 아닌가의 전제조건이 되기 때문에, 이 조건을 클리어하기 전에는 남성 이상의 강한 불안을 품게 된다. 한편, 남성의 희망은 소유의 희망이다. 결혼을 하기까지는 얼마나 이성을 소유하건 자유다. 남성에게 있어서 결혼은 이성을 소유하는 행위의 최종형태가 된다. 그렇기 때문에 남성은 결혼 후에 과연 자신은 어디까지 이 최종형태에 만족할 수 있을까 하는 불안을 품게 된다. 이성에 대해 자신이 없거나 그로 인해 이성과 활발하게 접촉하지 못하는 남성들은 마니아나 오타쿠들처럼 책이나 피규어 등을 소유하는데 열을 올린다. 그들에게 있어서도 결혼은 인생에 있어서 하나의 큰 전기인데, 부인에게 언제 자신이 정성스레 모은 콜렉션을 처분당할지를 생각하면 결혼 때문에 미래가 불안해지는 것도 무리는 아니다.

결혼한 여성에게 있어서 막 결혼한 남성은 아직 '미숙한 남편'일 뿐이다. 이 남편이 자신과의 관계 중에서 '최고의 남편'으로 변화해가는 과정이야말로 여성의 희망이다. 그러나 남성은 그 반대이다. 남성에게 있어서 막 결혼한 부인이야말로 '최고의 부인'인 것이다. 성격 면에서도 외모에 있어서도. 그렇기 때문에 종종 남성은 결혼에 의한 소유욕의 만족에 도취된다. 그렇게 때문에 부인이 언제까지고 신혼 당시 그대로이기를 바란다. 그러나 부인은 변해갈 것이다. 성격도 외모도, 그리고 '남편에 대한 충성'까지도. 이는 남편에게 있어서 소유한 주식의 가치가 점점 하락해가는 것과 다름없는 공포이다.

성공에 관한 사고방식도 다르다. 이 항목에 관해서는 상당히 남성의 입장에서의 아이러니가 상당히 포함되어 있기 때문에 여성의 공감은 얻어내기 어려울지도 모르겠다.

남성에게 있어서 '이성의 소유'는 그가 품고 있는 소유욕의 극히 일부에 지나지 않는다. 트로피 와이프[44]라는 말이 있는 것처럼 성공한 남성에게 있어서 젊고 아름다운 부인은 성공의 전리

---

[44] 트로피 와이프trophy wife: 미국 속어로, 경제적으로 성공한 남성의 젊고 아름다운 부인을 일컫는 말. 즉, 장년의 백만장자들이 나이든 조강지처와 이혼하고 새로 얻은 젊고 아름다운 부인을 트로피에 비유한 말.

품과 같은 것이다. 모델이나 여배우가 선택되기 쉬운 것은, 그것이 타인의 소유욕이나 선망을 불러일으키는 아이콘으로 작용하기 때문이다.

한편, 여성에게 있어서 '신데렐라의 꿈' 즉, '성공한 남성과 결혼하는 것'은 그녀 자신의 성공과 같거나 그 이상의 가치를 갖는다. 이는 여성 개인의 평가가 '그녀가 소유하고 있는 것'보다는 '그녀가 관계를 맺고 있는 상대'에 의해 이루어지는 경향이 있기 때문이다.

마지막으로 '자녀'에 관한 아버지의 태도에 대한 평가는 다소 인정사정 없는 것 같다. 아무리 그래도 그렇게까지 자녀에게 무관심한 아버지는 없을 것이라고 믿고 싶다. 그렇지만, 거의 모든 아버지는 아무리 노력해도 어머니와 같은 수준의 관심을 자녀들에게 기울이는 것은 불가능하다. 물론, 만사에 바쁜 아버지를 하루종일 자녀와 함께 있는 어머니와 비교하는 것 자체가 무리일지도 모르겠지만 말이다.

그러나 입장을 바꾸어 보아도 아버지가 어머니 이상으로 섬세한 배려를 자녀들에게 기울일 수 있을까? 아마도 어렵지 않나 라고 생각한다. 왜냐하면, '자녀'도 역시 남성에게 있어서 또 하나의 소유물에 지나지 않기 때문이다. 여성에게 있어서 자녀는 종종 남편 이상으로 중요한 경우가 있다. 이는 자녀가 단순한 소유를 초월해 마치 자신의 일부인 듯한 존재가 되기 쉽다. 이에 관해서는 마지막 장에서 자세하게 알아보기로 한다.

심지어 여성은 유소년기부터 상대를 배려하거나 공감하는 능력을 학습받는다. 즉, 주로 후천적인 요인에 의해 여성은 부모와 자식관계에 있어서 미리 준비된 전문가인 것이다. 그에 비해 남성은 결혼해서 자녀를 가진 다음에서야 오직 학습을 반복하는 것 이외에는 방법이 없다.

　이와 같이 결혼생활에 있어서의 엇갈림의 근원에는 젠더의 차이가 자리잡고 있다. 즉, 남성의 소유원리와 여성의 관계원리의 차이가 바로 그것이다. 이렇게까지 주파수가 틀린 남녀가 평화롭게 공존하기 위해서는 어느 한쪽이 일방적으로 억압을 감수하는 사회적 규범이 존재하지 않으면 어려울 것이다. 그런 의미에서 남존여비男尊女卑는 일찍이 사회적 안정을 지켜준 규범으로서 중요한 의미를 갖고 있을 것이다. 보수파가 남존여비적인 경향을 갖고 있는 것은 어찌보면 당연하다고 할 수 있겠다(물론 좌파의 남존여비 경향은 심하면 심하지 덜하지는 않다 라는 설도 있지만……). 그러나 말할것도 없이 이제는 이와 같은 생각은 주류가 될 수 없는 시대가 도래했다.

　즉, 일찍이 결혼제도를 원만하게 유지시켜주었던 제도를 없애버리고 보니, 젠더의 차이에 대한 두려움이나 불안만이 남게 되었다고 볼 수 있지 않을까? 그럼에도 불구하고 결혼의 가치를 모색하고자 한다면 종래와 다른 가치관을 가지고 결혼제도 자체를 재검토해 볼 필요성이 있을지도 모른다.

제4장

과식하는 여성, 은둔하는 남성

젠더 센시티브에 입각한 의료

정신과의 임상에도 젠더에 대한 배려는 매우 중요하다. 환자에 대한 대응에 있어서도 성별차이에 대해 상당히 신경을 쓰고 있다. 1장에서 다룬 '젠더 센시티브'라는 말은 최근 치료 현장에서도 자주 입에 오르내리게 되었다. 물론 아직 그렇게 일반적이지는 않지만 여성전문 정신과도 요즘 들어서 조금씩 증가하고 있다고 한다.

배려가 필요한 것은 환자의 젠더 뿐만이 아니다. 치료하는 입장에서의 젠더, 환자와 의사와의 관계에 있어서의 젠더의 조합 그리고 치료 스태프간의 젠더 역시 상당히 중요한 문제로 작용한다.

예를 들어, 환자와 의사의 젠더가 다른 경우 종종 '전이轉移'가 문제가 된다. 전이라는 것은 예를 들어 치료관계를 연애관계로 착각하는 상태를 가리키는 말이다. 의사가 잘생긴 환자나 미인 환자에게 고백을 받았다라고 해서 일일이 들떠서가지고는 될 일도 안된다. 이때 의사는 냉정한 프로의식을 가지고 상대를 상처받지 않도록 거리를 두면서 이와 같은 '전의'를 치료에 좋은 방향으로 이끌어 나가는 자세가 요구된다.

하기야 정신과를 제외하고도 환자와 의사의 결혼은 종종 있다고 한다. 이는 교사와 학생의 결혼과 마찬가지로 그렇게 놀랄 일도 아니다. 문제는 이와 같은 전이성 연애가 대부분 일시적인 감정에 지나지 않는 데에 있다. 보통 치료관계가 끝나면 연애감정도 식어버리기 때문에 이와 같은 전이에는 주의할 필요가 있다. 물론 치료관계에 얽힌 젠더문제에 둔감하다면, 자신이 전이에 빠졌는지조차도 알 수 없지만 말이다. 그러나 전이는 정신분석이라고하는 한정된 영역에 해당하는 극히 전문적인 이야기로, 정신과와 젠더에 관해서라면 더 흔하고 알기 쉬운 사례가 얼마든지 있다.

　신체에는 명확하게 성별차이가 있는 이상 질병에도 다양한 성차가 존재한다. 자궁이나 난소 등 생식과 관련된 여성만의 질병은 산부인과에서 다루며, 남성만이 갖고 있는 전립선이나 발기부전 등의 문제는 주로 비뇨기과의 영역에서 다룬다. 한편, 이와 같은 장기臟器가 아닌 염색체의 차이에 대해 말하자면, 혈우병血友病이나 색각이상色覺異狀과 같이 성염색체와 관련된 질병도 있다. 그렇다면 신체와 직접 관계가 없는 정신질환은 어떨까? 과연 정신질환에 명백한 성차가 존재하는 것일까?

　결론부터 말하자면, 존재한다. 다만, 이는 소박한 성차별론자가 말하는 것과 같은, 뇌의 차이에서 오는 질병이 아니다. 뇌 자체의 질병에는 남녀 중 한쪽에만 있는 고유한 질환 따위는 존재하지 않는다. 이 하나만으로도 뇌에는 구조적인 성차가 존재하지 않는다는 것을 추측해 낼 수 있다. 가령 '남성의 뇌에만 존재하는 특유의 구조'가 존재한다면, 그 구조가 장해를 입게 되면 남성 특유의 기질성 질환이 생길 수 있을 것이다. 그러나 다시 한 번 말하지만, 그러한 질병은 존재하지 않는다.

'남성의 뇌'를 가진 여성

여기에서 저자는 인턴 시절에 경험했던 어떤 에피소드를 소개하고자 한다. 벌써 20년 이상이나 지난 이야기로, 어느 병원에서 실습 중이었던 때였다. 산부인과에서 실습 중이던 어느날 우연치 않게 안드로젠 불감증후군androgen insensivity syndrome(혹은 안드로젠 내성 증후군) 환자를 담당한 적이 있다. 무월경을 호소하여 산부인과에 진찰을 받은 결과 자궁과 난소가 있어야 할 곳에 정소가 자리하고 있었던 '그녀'는 가엾게도 아직 그 사실을 전해듣지 못하고 있었다. 그리고 남성염색제와 '남성의 뇌'를 가진 그녀는 빼어난 '미소녀'였다는 것을 외모적인 측면을 제외하더라도 '완벽한 여성'이었다.

이는 저자의 인생에 있어서 하나의 중대한 전기가 되는 경험이 되었다. 그 이후 저자는 젠더와 관련된 일체의 본질론적인 논의를 신용할 수 없게 되었다. 염색체와 젠더의 실체에는 결정적인 간극이 존재하고 있다는 것을 이처럼 명확하게 눈앞에서 확인한 이상 저자도 더 이상 어쩔 수 없었다. 그런데 저자는 여기에서 굳이 '남성의 뇌' 라는 표현을 사용했다. 이는 뇌를 구성하는 신경세포에 Y 염색체가 포함되어 있다는 것을 의미한다.

이 증후군의 환자는 XY 성염색체를 가졌음에도 불구하고 스스로 정소精巢와 부신副腎에서 분비하는 남성호르몬(안드로젠)을 수용할 수 없다. 남성 호르몬의 자극을 받을 수 없다고 하는 것은, 육체는 '여성'이 된다는 것을 의미한다. 즉, 이 환자는 염색체는 남성이지만 몸은 여성의 용모를 갖게 되는 것이다. '뇌에 성차'가 존재한다고 하더라도 그것은 주로 태아기의 남성호르몬의 자극(혹은 수용)에 의해 생겨난다. 호르몬이 생식기에 작용하면 남성의 성기가 발달하고, 뇌에 작용하면 '남성의 뇌'가 된다. 따라서 전문가에 따르면 저자가 본 환자의 사례는 사실 '여성의 뇌'를 갖고 있던 것이 된다. 즉, 여성의 뇌를 갖고 있는 이상 여성으로 보이는 것이 당연한 것이다.

그러나 아무리 해도 저자에게는 떨쳐버릴 수 없는 의문이 있었는데. 어떻게 하면 '그녀'의 뇌가 여성의 뇌인지를 증명할 수 있을까 하는 의문이 바로 그것이었다. 그리고 가령 뇌에 성차가 있을 수 있다고 가정하더라도 동물의 경우 호르몬의 작용보다는 유전자에 의해 뇌의 구조의 일부가 영향을 받는다고 한다. 그렇다고 하면 '그녀'의 뇌에는 남성과 여성의 양쪽 요소가 공존하고 있다는 것이 된다.

남녀의 뇌의 성차를 판별할 때 공간파악 능력이 그 기준이 되는 경우가 많은데 일반적으로 남성 쪽이 공간파악 능력이 높다라고 알려져있기 때문이다. 안드로젠 불감증후군androgen insensitivity syndrome(혹은 안드로젠 내성 증후군)을 앓고 있는 여성은 그와 같은 경향이 보통의 여성보다 더욱더 낮다고 한다. 실험용 쥐를 사용한 실험에서도 안드로젠 수용 레셉터를 파괴한 쥐, 즉 인공적으로 만들어낸 안드로젠 불감증후군의 개체(유전적으로는 수컷, 외견상으로는 암컷)의 뇌는 수컷형이 아닌 암컷형에 가깝다고 한다. 다만, 여기서 말하는 공간파악능력이 정말 타고나는 것인지 아닌지는 알 수 없다. 즉, 이 능력이 '남성의 뇌'의 덕분인지, 아니면 남성으로서 교육받고 자랐기 때문이지는 엄밀하게 말하면 알 수가 없는 것이다.

어쨌거나 이 에피소드를 통해 확인할 수 있는 것은 젠더를 오직 생물학에만 한정지어 생각하고자 하는 본질론은 이와 같이 극단적인 사례에서도 의심스럽기 짝이 없다는 점이다.

정신질환과 호르몬의 관계

단적인 예를 들어보자면 역시 질병에 관한 사례가 적당할 것이다. 사람은 젠더가 무엇이든 간에 마음의 병을 앓는 경우가 있다. 신체가 아닌 마음에 문제가 있는 이상 남녀에게 공히 나타나는 부분이 많다. 그러나 나중에 다시 언급하겠지만 조금이라도 신체와 관련된 질병은 젠더별 빈도가 상당히 달라진다.

오히려 신기한 것은 신체적인 원인이 없음에도 불구하고 분명히 성차가 인정되는 정신 질환이 상당히 많다는 것이다. 저자는 남녀의 성차에 관해서, 굳이 말하자면 후천적으로 부여되는 요소를 중시하는데 이는 이와 같은 임상에서의 경험에 의한 것이다.

성차라고 할 때 저자가 그 무엇보다 먼저 떠올린 것은 '성도착性倒錯, Paraphilia'이다. 일찍이 병으로 취급되어 치료가 시도되었던 때도 있었지만, 현재에는 성도착 자체가 곧 질병이라는 시점은 거의 없다. 따라서 지금은 '퀴어Queer'[45]나 '섹슈얼 마이너리티'라는 말이 일반적일 것이다. 어쨌든 이와 같은 성도착은 거의 남성에게

---

[45] 퀴어Queer: 원래는 '이상한', '특이한', '기묘한' 등의 의미로 쓰였으나, 현재에는 섹슈얼 마이너리티(레즈비언, 게이, 바이섹슈얼, 트렌스 섹슈얼, 트렌스젠더 등)를 모두 포괄하는 용어로 사용되는 경우가 많다.

발생하는 문제라고 생각되고 있다.

예를 들어, 복장도착이라고 불리는 기호嗜好 혹은 취미가 있다. 이는 남성이 여장을 하는 경우가 대부분으로 여기에서 주목할만한 부분은, 일반적으로 이와 같은 형태의 복장도착자는 동성애자가 아닌 이성애자란 점이다. 그렇기 때문에 그들의 최대의 즐거움은 여장한 자신을 거울에 비춰보면서 자위 행위를 하는 것이라고 한다. 물론, 여성이 남장을 해도 문제될 것은 없지만, 이와 같은 경우는 일반적으로 그 행위 자체에서 성적 만족을 얻을 수 없다라고 한다. 남장은 오히려 성동일성장애나 동성애 등의 실천을 위한 수단으로서 부차적으로 선택되는 경우가 많다고 한다.

그리고 페티시즘이라고 불리는 기호嗜好에는, 매우 다양한 형태가 있는데, 이와 같은 애호가의 대부분도 역시 남성이다. 그 외에도 현재에 있어서 유일하게 교정을 필요로 하는 성도착인 소아성애, 즉 로리타 콤플렉스도 거의 남성에게 한정된 문제이다. 드물게 여성에게도 어린 여자아이를 유괴하고자 하는 충동을 느끼는 사람도 있다고 한다. 그러나 사실 이와 같은 종류의 성범죄에 손을 대는 것은 거의 남성이다.

그렇다면 레즈비언은 어떨까, 마더 콤플렉스나 파더 콤플렉스는 변태라고 볼 수 없는가? 이와 같은 영역의 문제는 매우 민감한 부분이 아닐 수 없다. 성도착은 젠더의 본질과 관련된 문제이기도 하기 때문에 마지막 장에서 한번 더 자세히 다루기로 한다.

그렇다면 다른 질환에도 성차는 존재하는가?

고바야시 토시유키小林聰幸씨는 '정신장애의 성차분포'(『정신과치료학』15권 9호, 2000년)라는 논문에서 이 문제에 관해 간결하게 정리했다. 이 논문에 따르면 정신지체나 ADHD Attention Deficit/ Hyperactivity Disorder(주의력 결핍 과잉 활동 장애), 혹은 자폐성 장애 등의 발달장애는 일반적으로 여자의 1.5-4배 정도로 남성에게 많이 나타난다. 정신분열증 schizophrenia에는 확실한 성차는 보이지 않으나 발병시기로 보자면 남성의 경우가 여성보다 2배 가까이 이르다. 그리고 대인공포는 남성이 여성의 2배 정도 많은 한편, 섭식장애는 여성이 남성의 약 20배나 많다. 또한 인격장애의 경우 모든 형태에 있어서 남성이 약간 많다고 한다.

고바야시씨는 이러한 성차의 원인에 대해 호르몬의 작용을 중시하고 있다. 남성의 뇌는 남성호르몬의 영향하에서 분화되었기 때문에 남성의 뇌가 이와 같은 질병에 보다 취약하다. 따라서 남성에게 발달장애가 많이 발생하게 되는 한편, 여성 호르몬의 변동은 스트레스에 대한 내성을 낮추기 때문에 여성 쪽이 우울증이나 불안감을 느끼는 경우가 많다고 한다.

호르몬과 관련된 질병이라고 하면 이 외에도 심신증心身症, psychosomatic disease이 있다. 심신증이란 마음의 갈등이 신체의 증상으로 나타나는 질병을 말한다. 이 질환의 경우 일부를 제외하고는 여성 쪽이 압도적으로 많다. 과다호흡증후군過多呼吸症候群이나 과민성대장증후군 등도 모두 여성쪽에 많이 발병하며, 남성에게 많은 질환은 기껏해야 신경성 위염 정도이다. 이러한 심신증은 아마도 자율신경이나 여성 호르몬 등의 영향이 크다고 보여진다. 즉, 젠더보다도 섹스와 관련된 부분이 보다 크게 작용하는 것이다.

그런데 지금 저자가 관심을 두고 있는 부분은 다름아닌 주로 마음에 의한 질환에 나타나는 성차性差이다. 그 내력을 파악할 수만 있다면 젠더의 본질적 차이를 이해하는 데에 큰 도움이 될 것이라고 생각하기 때문이다.

'은둔형 외톨이(히키코모리)'에 있어서의 성차

심인성心因性 질환은 넓은 의미에서 사회나 문화의 영향을 크게 받는다고 하는데 이것이 만일 사실이라면 이것은 과연 무엇을 의미하는 것일까? 이것은 적어도 성차라고 불리는 것이 사회·문화적 측면의 원인을 통해 구성된다는 강력한 방증의 하나가 될 수 있을 것이다.

예를 들어, 단순히 '질병'이라고 말하기 어렵지만 저자는 본인의 전문분야인 '은둔형 외톨이'에도 성차가 있다고 생각한다. 그렇다, 이와 같은 은둔형 외톨이에는 압도적으로 남성이 많은 것이다. 저자의 저서『사회적 은둔형 외톨이』(PHP신쇼新書)에서 소개한 조사 데이터에 따르면 은둔형 외톨이의 약 80%가 남성이었다. 그 이외에도 은둔형 외톨이에 관한 통계 데이터가 다수 있으나 모든 조사가 공히 전체의 70-80%가 남성이라는 결과를 보인다는 것을 알 수 있다. 물론 임상에서도 남성의 상담이 거의 주를 이루고 있다.

이러한 성차의 원인을 생각하고자 한다면 우선 생물학적인 원인을 고려해야만 한다. 그러나 지금까지 이에 관한 생물학적인 원인을 확실하게 제시한 보고는 찾을 수 없다. 은둔형 외톨이에 발달장애가 많이 포함되어 있다는 설이 있기는 하나, 앞서 언급한 바와 같이 발달장애는 남성 쪽이 많기 때문에 무엇보다 이에 관한 사항을 우선적으로 고려해야만 할지도 모른다. 다만, 저자는 은둔형 외톨이와 발달장애와의 관련성에 관해서는 상당히 신중한 태도를 취하고 있기 때문에, 그 영향이 그렇게 크다고는 생각하지 않는다.

그건 그렇고 은둔형 외톨이와 젠더의 관계를 사회·문화적 요인으로부터 생각해 보면, 설명은 오히려 매우 간단해진다. 말하자면 일본사회가 지금까지 남존여비의 억압구조를 갖고 있기 때문에 남성은 은둔형 외톨이가 될 수 밖에 없다는 것이다.

유교문화적인 남존여비의 구조 아래서는 옛날만큼은 아니라고 해도 남성에게는 '가장'으로서의 '사회적 성공'에 대한 압박이 여성 이상으로 가해진다. 좋은 학교에서 좋은 성적을 거두고 좋은 대학에 진학해서 좋은 직장을 잡는 것, 우선 이러한 사회적 성공에 대한 기대가 이미 어린 시절의 남성의 젠더에 결정적인 영향을 끼치게 된다. 그렇기 때문에 남성은 자신의 가치가 성적이나 일, 혹은 직종이나 직장의 직위 등에 의해 결정된다고 하는 사고방식을 주입받게 되고 자연스럽게 이와 같은 가치에 대한 집착이 강해진다. 다시 말하면, 넓은 의미에서 거의 모든 남성은 자신의 사회적 지위를 자신의 아이덴티티의 근거로 삼게 된다.

그리고 이와 같은 과정은 국가나 문화를 초월해 일반적인 양상을 보인다고 저자는 생각한다. 다만, 일본의 특이한 점이라면 개인이 집에서 독립하는 것을 당연하게 생각하지 않으며, 경우에 따라서는 오히려 독립하는 것을 '바람직하지 않은 것'이라고 생각하는 부분일 것이다.

'사회적 지위'를 확대해 보자면, 가계家系나 학력, 직종이나 직책은 물론이고 지식의 많고 적음이나 취미 및 기호의 좋고 나쁨, 인맥에 이르기까지 광범위하다. 이는 모두 '관계'보다는 '획득 및 소유'해야만 달성할 수 있는 과제이다. 특이할 만한 점은 이성관계에서도 역시 이와 같은 사회적 지위는 상당히 우선순위가 높은 획득목표라는 점에 이론의 여지가 없을 것이다. 따라서 우선 여기에는 남성의 '소유원리'가 확실히 반영되어 있음을 알 수 있다.

그런데 여성에게도 물론 여성 나름의 다른 종류의 압박이 가해진다는 점을 잊어서는 안되는데, 여성들이 받는 압박이라고 하면 역시 뭐니뭐니 해도 '결혼'일 것이다. 옛날 정도는 아니지만 '적령기' 그리고 결혼할 나이에 결혼하지 못한 미혼여성을 부르는 말인 '노처녀', '올드미스', '똥차', '막차' 등의 말이 아직까지 살아있는 한 이와 같은 결혼에 대한 압박은 건재하다고 볼 수 있기 때문이다.

어떤 의미에서 이와 같은 '압박의 성차'가 가장 확실하게 드러나는 말은 '재수생'일지도 모른다. 그렇다면 '결혼'과 '재수생'이 어떤 관계가 있는 것일까? 재수를 몇 년이고 계속하는 것을 '장수생'이라고 부르는데 장수생의 경우 거의 대부분이 '남성'이다. 이는 곰곰히 생각해보면 이상한 현상이 아닐 수 없다. 지금의 수험제도에서 여성이 장수생이 된다고해서 딱히 남성보다 불리한 점은 없다. 그렇다면 왜 여성은 장수생이 되는 것을 기피하는 것일까?

아마도 이것도 마찬가지로 '세인에 대한 이목 혹은 체면'의 문제일 것이다.

앞서 언급했던 바와 같이 남성에게 있어서 사회적 지위, 특히 '좋은 직업+좋은 결혼+좋은 자손'에 대한 기대도와 중압감이 큰 만큼 필연적으로 학력이 중시된다. '대학입시'는 지금까지의 부채를 일거에 변제할 수 있는 기회로서 인식되었기 때문에 좋은 대학에 들어가기 위해서 몇 년 정도 재수생 생활을 하는 것이 그다지 이상할 것이 없는 것처럼 인식되었다.

그러나 여성에게 있어서 중요한 것은 굳이 말하자면 최종학력에 이르기까지의 이력 혹은 과정이다. 즉, '좋은 이력'은 곧 '좋은 혼처'라는 기대가 아직도 남아 있기 때문이다. 따라서 몇 년이고 재수해서 좋은 대학에 들어가는 것보다 우선 그럭저럭 좋은 대학에 들어가서 취직하고 혼처를 알아보고 결혼하는 정석 코스에 대한 기대치가 높기 때문이다.

특히 여성의 경우, 가령 은둔형 외톨이가 되더라도 한동안은 '가사' 혹은 '신부수업'이라는 구실로 에둘러댈 수가 있다. 여성의 은둔형 외톨이 생활에 대해 세상은 그다지 엄격하지 않은 것이다. 지금과 같이 여성의 사회진출이 활발해진 현대사회에 있어서도 이러한 기본적인 감각은 거의 변함이 없다.

한편 남성의 은둔형 외톨이 상태에 대한 세상의 시선은 졸업 후 신분이 학생이 아닌 순간부터 갑자기 엄격해진다. '백수', '응석받이', '게으름뱅이', '식충이', '가정교육의 문제' 등의 말에서 알 수 있듯이 이와 같은 편견이 아직까지 유효하다. 그러나 유감스럽게도 이러한 압박에 자극을 받아 사회에 복귀하는 경우는 그다지 많지 않다. 오히려 이러한 비난에 깨끗이 굴복하고 무너져서 다시는 재기하지 못하는 경우가 대부분이다. 즉, 이와 같은 세상의 편견에 상처받아 점점 은둔형 외톨이 상태에서 헤어나기 힘들게 되는 경우는 남성이 압도적으로 많다. 이러한 편견의 구조 자체가 은둔형 외톨이에 있어서 성차를 만드는 주된 요인일 것이다.

여담이지만 추가해서 '자살률'에 대한 성차에 관해서도 간단히 생각해 보자. 예를 들어 앞서 언급한 바와 같이 남성 쪽이 여성보다 3배 정도 자살률이 높다. 이는 언뜻 보면 이해할 수 없다. 자살의 원인에 우울증이 가장 많다는 것은 익히 알려진 사실이다. 그렇다면 우울증을 겪기 쉬운 여성 쪽이 자살률도 높은 것이 당연하지 않을까? 어째서 이와 같은 불일치가 발생하는 것일까?

이에 관해 저자는 종종 남성은 '입장 혹은 체면'으로 살아가는 동물이며, 여성은 '관계'를 중시하는 생물이기 때문이다고 설명한다. 왜냐하면 남성은 자신의 지위 즉, '입장(체면)'을 소유하지 않으면 결코 안심할 수 없는 존재이기 때문이다. 이것 또한 하나의 소유원리에 귀결된다고 볼 수 있다. 그러나 여성의 경우, 남성만큼 '체면'에 집착하지 않는다. 여성은 '관계'를 통해 자신을 지탱하고자 하는 경향이 강하기 때문이다.

정리해고나 실업에 의해 '설 자리(입장, 체면)'를 상실한 남성은 단박에 고립되어 버리고 만다. 고립된 남성은 누구에게도 상담도 하지 못한 채 스스로가 자기 자신을 막다른 지경에 몰아넣기 쉽다. 한편 여성은, 우울증에 빠져도 가족이나 친구들과의 관계를 통해 자신을 지탱해 나아가는 경우가 많다. 그렇기 때문에 괴로움이나 어려움을 주위에 호소하거나 상담하거나 하는 것을 통해 자살과 같은 극단적인 상황에까지 몰리는 일 없이 빠져나올 가능성이 높다. 이와 같은 차이가 남녀의 자살률의 차이를 가져온다고 저자는 생각한다.

마찬가지로 은둔형 외톨이의 상태는 그 자체로 사회적 입장과 체면을 완전히 소멸시켜버리기 때문에, 남성에 있어서 이 이상 괴로운 상황은 없을 것이다. 이와 같은 은둔형 외톨이에 대한 저자의 해결책은 체면의 회복보다는 우선 관계의 회복을 전제로 한다. 갑자기 취직을 위해 노력하는 것 보다는 우선 비슷한 사람들이 모이는 집합이나 그룹활동을 통해 친밀한 동료관계를 회복하는 것이 바람직하다고 생각한다. 이는 상당히 효과적인 방법이지만, 아무래도 체면을 먼저 생각하는 남성이 많기 때문에 여간해서는 이와 같은 치료방법에 참여하려고 하지 않는 경우가 많다.

한편, 무엇보다 여성은 본능적으로 사회적 관계가 완전히 단절되어 버리는 상황을 피하고자 하기 때문에 완전한 은둔형 외톨이가 되기 어렵다. 또한 치료에 있어서도 남성보다 관계성의 회복 과정에 쉽게 참여할 수 있기 때문에 더 쉽게 개선되는 경우가 많다. 물론 이를 증명을 할 수 있을지 어떨지는 모르겠지만 일단 여성이 본격적으로 은둔형 외톨이가 되면, 도리어 남성 이상으로 철저하게 외톨이가 되어버릴 가능성이 높다고 생각한다. 따라서 은둔형 외톨이에는 남녀의 성별 차이가 발생하는 것으로 생각할 수 있다.

섭식장애攝食障碍

그렇다면 여성에게 있어서 많이 발생하는 정신질환에는 어떤 것이 있을까?

무엇보다 섭식장애가 가장 먼저 떠오른다. 일반적으로 거식증은 10대에 많으며 과식증은 20대를 전후하여 많이 발생한다. 남녀 비율로는 여성이 압도적으로 많은 질환으로 여성이 남성의 약 10배 이상 많다고 한다.

과식증과 거식증은 일단 형식적으로는 구분되어 있지만, 이 두 질환은 그다지 명확히 구분되는 질환이라고 보기 어렵다. 양쪽이 한꺼번에 나타나거나 아니면 교대로 나타나는 경우가 자주 있기 때문이다. 그 원인으로는 유전 및 가족의 병리, 내분비 이상, 기호벽(성벽)의 문제, 발달 문제, 사회 및 문화적 배경 등의 다양한 원인이 지적되고 있으나 결정적인 원인은 아직 확실하지 않다. 최근에는 학대나 트라우마와의 연관성 혹은 여성의 은둔형 외톨이 사례에 과식이 동반되기 쉽다고도 한다. 다이어트가 발병의 계기가 되는 경우가 많기 때문에, 섭식장애가 여성에게 많은 것은 어쩌면 당연한 것일지도 모른다. 체중에의 집착이 남성보다 여성 쪽이 훨씬 강하기 때문이다. 덕분에 다이어트 산업은 출판업계로부터 그 효능이 의심스러운 다이어트 보조식품에 이르기까지 하나의 큰 시장을 형성하고 있다. 무엇보다 새로운 다이어트 방법이 출현할 때마다 수퍼마켓에서 바나나 사과 등이 일거에 사라지곤 하는데, 이제 그런 소동은 그만할 때도 되지 않았나 생각된다.

그렇다면 왜 여성은 다이어트에 그다지도 열심인 것일까? 물론 남성이 다이어트를 하지 않는 것은 아니지만, 분명히 다이어트에 거는 열의의 차원이 다르다. 거식증과 같이 체중감소 자체가 자기목적화된 살빼는 행위도 역시 여성쪽에 압도적으로 많다. 이와 같은 차이는 얼핏보면 당연한 듯 보이지만 이를 간단히 설명하는 것은 어렵다. 분명히 "날씬한 편이 이성에게 인기가 있다."는 것은 명확한 사실이다. 그러나 이성에 대한 매력의 어필만이 그 이유라면 남성도 다이어트에 열중하지 않을 이유가 없다.

그러나 남성의 경우 단지 뚱뚱하다는 이유로 갑자기 사회적인 실패자와 같은 취급을 당하는 경우는 드물다. 오히려 비만 캐릭터로 성공한 케이스도 요즘 들어 적지 않게 찾아볼 수 있다. 한편, 여성은 뚱뚱하다는 것으로 인해 짊어지게 되는 사회적 손실이 남성보다 훨씬 크다. 적어도 비만은 여성의 세속적 행복의 기회를 결정적으로 방해한다고 널리 인식되고 있는데, 이는 부인하기 어려운 사실이기도 하다. 필연적으로 '날씬한 상태'에 대한 사회적 압박은 높아만 가게 되는데 이와 같은 사회적 압박 때문에 문제가 발생한다는 측면에서 섭식장애는 은둔형 외톨이와 닮아있다고 볼 수 있다.

섭식장애가 은둔형 외톨이와 유사한 점은 세상의 시선이나 압력으로 인해 '날씬해 지고 싶은 욕망'이 많은 여성의 내면에 고착화되어 버리는 데에 있다. 여성에게 있어서 무엇보다 신경 쓰이는 것은 사실 남성보다 오히려 같은 여성으로부터의 시선이다. 섭식장애의 경우 다른 환자로부터 외모를 지적 당해 환자간 분위기가 험악하게 되는 패턴이 유독 많은데, 이와 같은 형태의 트러블은 남성 환자 사이에서는 거의 일어나지 않는다.

그러나 생각해보면 이것도 어쩌면 당연한 현상일지도 모른다. 외모에 관한 관심은 여성 쪽이 남성보다 훨씬 민감하기 때문이다. "얼굴을 따진다."라고 말하지만서도 남성은 여성의 외모에 놀랄 만큼 둔감하다. 여자친구의 복장이나 화장 혹은 액세서리나 헤어스타일에까지 주의를 기울이는 남성은 압도적으로 소수파이다.

이래서는 남자들이 얼굴과 가슴 그리고 엉덩이만 본다고 비난받아도 할 말이 없을 것이나.

그러나 화장이나 패션 체크 등은 여성들 사이에서 훨씬 냉정하고 가차없다. 여성이기 때문에 그와 같은 행위에 걸리는 시간이나 노력에 대해 공감하고 이해할 수 있으며, 그렇기 때문에 다른 여성의 외모를 비판하는 것도 가능한 것이다. 이러한 여성들 사이에서의 '평가의 시선'은 아마도 초등학교 고학년의 여자아이들의 그룹에서부터 자연스러운 행동일 것이다. 예를 들어 키리노 나츠오桐野夏生의 소설『그로테스크』(분게슌슈文藝春秋, 2003년)에는 여성들 사이의 용모에 대한 가차없는 시선의 실체가 적나라하게 묘사되어 있어 매우 흥미롭다.

그리고 또 하나의 섭식장애와 은둔형 외톨이간에는 유사한 점이 있는데, 그것은 미래의 목적으로부터 점점 멀어져 폭주한다는 점이다. 여성의 섭식장애, 그 중에서도 거식증의 경우에는 거의 피골이 상접한 상태로 말라있음에도 불구하고 "저는 아직 뚱뚱해요."라고 호소하는 사람이 많다. 이쯤 되면 착각이 한도를 넘어 망상의 차원에 다다랐다고 보아도 무방할 것이다. 이와 같은 경우, 그녀 자신의 신체에 대한 이미지는 이성의 시선은 물론이고 동성으로부터의 시선도 아랑곳하지 않는 일그러진 상태로 변해버렸다고 볼 수 있다. 그러나 이러한 착각을 단순히 망상이라고 치부해버려도 되는 것일까?

섭식장애라는 질환은 종종 성숙거부나 '여성다움'에 대한 거부로서 이해되어 왔다. 여기서 말하는 성숙은 모성의 거부라고도 생각할 수 있기 때문에, 그런 의미에서 '여성다움'과 거의 겹치는 개념이라고 볼 수 있다. 분명히 거식증 환자는 종종 보이쉬한 복장을 선호하는 경향이 있기는 하지만, 그러나 '여성다움'의 거부가 그대로 '남성다움'으로 이어지지는 않는다. 오히려 저자를 비롯한 의사들은 거식증에 빠진 여성환자에게 어떤 궁극의 '여성다움'을 느낄 때가 있다.

프롤로그에서 언급한 '헤테로섹시즘heterosexism'의 문제 즉, 이성애주의異性愛主義의 근원에는 '소유'라는 발상이 존재한다. 만일 이성애주의가 부부 즉, 가족의 근원이라고 한다면 더더욱 그러하다. 부부나 가족이라고 하는 아이디어는 관계성의 울타리라는 의미에서 소유욕과 친화성이 높다. 그렇기 때문에 저자는, 헤테로섹시즘을 기본적으로 남성 쪽의 환상이라고 생각한다.

거식증인 여성이 거부하고 있는 것은 이러한 이성애주의적인 환상이 투영된 '여성스러운' 신체가 아닐까? 즉, 그녀들은 이성애주의가 각인된 신체를 거부하는 것을 통해 남성들에게 의해 강요된 환상에 저항하고자 하고 있는 것은 아닐까 생각한다. 여기에서 저자가 말하는 '여성다움'이란 확실히 '헤테로섹시즘으로부터 자유로운 존재'라는 의미이다.

'자학행위'와 '자기혐오'

섭식장애 뿐만 아니라, 여성의 정신질환에는 신체성과 연관된 증상을 나타내는 것이 많다.

예를 들어 발모증Trichotillomania과 같은 질환이 있다. 무의식중에 자신의 머리카락 등을 뽑는 질환으로 심한 경우에는 두피가 보일 정도까지 머리카락을 뽑는 경우도 있다. 물론, 이와 같은 사례의 대부분이 여성이다. 이는 신체에 상처를 입힌다는 측면에서 어느 정도 자해와도 일맥상통하는 부분도 있다.

그리고 자해행위도 마찬가지로 여성에게 많은 '질환'이다. 자해행위의 경우 손목을 칼 따위로 긋는 자해행위인 리스트컷이 가장 많은데 압도적으로 여성에게 많이 발생한다. 보고에 따르면 손목을 긋는 자해행위를 저지르는 80~90%가 여성이라고 한다.

젊은 환자가 많은 정신과 병동은 종종 온갖 자해행위를 망라한 전시장과 같은 경우가 많은데, 심지어 어떤 특정 자해행위가 일시적으로 유행하는 경우도 있다. 면도칼(물론 반입 및 소지가 금지되어 있으나, 개방적인 병동에는 개인 물품에 대한 체크가 완벽할 수가 없기 때문에)에 의한 리스크컷과 같은 일반적인 방법부터 손목을 기둥의 모서리에 찧는 행위, 콘크리트벽을 주먹으로 가격하는 행위, 바늘로 손목에 상처를 수없이 내는 행위 등등 자해행위의 종류는 수없이 많다. 그리고 지금은 개량되어 안전하지만 구식 알루미늄캔의 풀탭pull tab(마개)를 사용하는 자해행위도 자주 있었다. 또한 리스트컷은 아니지만 담배불로 손목이나 팔을 지지는 등의 자해도 가끔 발견된다.

리스트컷은 일찍부터 전형적인 자살미수 수단이었다. 그렇지만 최근에는 다소 그 의미가 변질되어 반드시 죽고 싶어서 리스트컷을 하는 것은 아니다. 오히려 스트레스의 발산이나 긴장으로부터의 해방을 위해 리스트컷을 저지르는 경우가 많다고 한다. 아픔과 출혈이 일종의 독특한 해방감을 가져오는 것이다. 그리고 이와 같은 행위는 자신을 둘러싼 '관계성'에 대한 직간접의 어필 혹은 주장을 잉태하고 있다는 것도 중요한 점이다.

넓게 생각해보면 섭식장애도 일종의 자해행위라고 할 수도 있겠다. 따라서 이 장章에서 다룬 '여성 특유'의 질환에는 다음과 같은 두 가지 공통점이 있다.

- 무언가의 수단을 통해 자신의 신체에 데미지를 가하고자 한다는 것
- 그 행위가 많고 적고 간에 타자에의 어필을 잉태하고 있다는 의미에서 관계성을 지향하고 있다는 점

이는 남성특유의 문제인 '은둔형 외톨이'나 '대인공포'에서 찾아볼 수 없는 특징이다. 남성의 경우, 우선 신체성과 관련이 거의 없다. 그리고 모두 관계성과 거리를 두거나 단절하는 경우가 많다.

여기에서 도출할 수 있는 여성의 '신체성'과 '관계성'에 관해 잘 기억해 주길 바란다. 이후의 논의에 있어서, 이는 매우 중요한 포인트가 되기 때문이다.

이러한 질환들에 있어서의 성차가 확실히 구분되는 것은 역시 사춘기 이후가 된다.

'스튜던트 애퍼시'[46]에 관한 연구로 유명한 나고야 대학名古屋大學의 명예교수 카사하라 요미시笠原嘉는 사춘기와 청년기에 일어나

---

[46] 스튜던트 애퍼시Student Apathy: 대학생의 무기력증症으로 우수한 학생이 특히 아무 까닭 없이 학업에 대해 무기력해지는 현상을 가리킨다. 참고로 애퍼시란 용어는 본래 정신의학이나 이상심리학異常心理學에 있어 정신적인 이상이나 상태 중 한 가지 증세를 말한다.

기 쉬운 문제의 성차에 관해서 다음과 같이 말하고 있다(『청년기』, 추코신쇼中公新書, 1977년). 이와 같은 차이는 말하자면, 어떠한 문제가 성숙의 과정에 발생하는가라는 차이이다. 카사하라씨에 의하면 이때 남성에게 일어나기 쉬운 문제는 대인공포라는 형태로 나타나는 경우가 많은 반면, 여성의 경우에는 섭식장애라는 형태로 나타나기 쉽다는 것이다.

이 장의 초반부에서 언급한 바와 같이, 대인공포의 성차는 분명히 남성에게 많이 나타나기는 하지만 기껏해야 여성의 2배 정도로 이는 섭식장애의 성차와 비교할 바가 못된다. 그러나 아직까지 저자는 이와 같은 지적이 유효하다고 생각한다. 여기에서 말하는 대인공포와 섭식장애의 차이는 "무엇을 자기평가의 기준으로 삼는가?"라는 성차가 반영되어 있기 때문이다.

남성의 경우 일반적으로 자기평가를 결정하는 기준은 '사회적인 스펙'이다. 즉, 지적, 신체적인 능력이나 커뮤니케이션 스킬이라는 능력적인 측면이다. 외형적인 측면보다 본질적 기능적인 측면에 대한 집착이 강하다고도 말할 수 있다. 이 때의 갈등이 대인공포라는 형태로 나타나기 쉬운 것은 그 갈등의 본질이 "상대로부터 자신의 능력이 낮게 평가되는 것은 아닐까?"라고 염려하는 데에 있기 때문이다. 이와 같은 심리를 더 깊이 파고 들어가면, 남성의 경우 '수치'나 '세상에 대한 체면' 등의 의식도 이와 같은 갈등과 관련되어 있는 것을 알 수 있다.

그러나 여성의 자기평가는 용모뿐만 아니라 헤어 스타일부터 패션까지를 포함하는 외모적, 신체적 요인에 의해 크게 영향을 받는다. 여성의 신체에 관한 갈등이 남성보다 훨씬 전면적이며 다양하다. 그리고 그만큼 그에 관한 질환의 형태도 다양하다.

 사춘기에 접어들면 남녀 모두 자신의 외모에 대한 집착이 강해진다. 사춘기란 '타자로부터 보여지는 몸'으로서 자신의 신체를 재발견하는 시기이다. 그렇기 때문에 많은 젊은이들이 자신의 외모에 대해 알 수 없는 열등감이나 고민을 품고 있는 경우가 종종 있다. 때문에 저자는 사춘기의 환자를 진찰할 때에는 외모에 관해서는 절대 언급하지 않도록 주의하고 있다. 때로는 칭찬에도 상처받는 것이 사춘기의 마음이기 때문이다. 다만, 몸에 대한 고민이라고 해도 모두 다 같이 동일한 것은 아니다. 사춘기의 남성은 여성의 시선을 의식해서 복장이나 헤어스타일에 신경을 쓰게 되는데, 여성도 또한 여성의 시선을 강렬하게 의식한다. 하지만, 남성이 상정하는 '여성의 시선'이라는 것은 종종 잡지의 정보를 통한 것이거나 자기 만족에 의한 판단이기 때문에, 이 시기의 남성들의 패션은 종종 개성적이거나 특이한 경우가 많다. 한편 여성은 마지막 장에서도 언급하겠지만, 이미 예절교육 등을 통해 바람직한 '여성다움'에 관해 충분히 학습해 왔다. 그렇기 때문에 여성 쪽이 남성과 비교해 볼 때 외모로 어필하는 기술에 훨씬 능숙하다.

 여성의 시선을 의식하기 시작한 남성은 외모 이상으로 자신의 능력에 대해 집착하기 시작한다. 이는 여성에게 어필하는 요소로서 최종적인 사회적 평가가 가장 중요하다는 것을 깨닫기 때문이다. 첫사랑을 성취하기 위해서 대학입시에 몰두하거나 성공해서 그녀를 데리러 오겠노라고 약속하는 이야기는 셀 수도 없이 많으며, 또한 실제로도 그러한 노력을 하고 있는 남성이 많을 것이다. 저자도 한때 그랬음을 부정할 수 없다.

이와 같은 시기가 되면, 남성은 외모와 능력을 그다지 구분하지 않게 된다. 젊은 남성의 경우 능력에 대한 자신감의 결여가 용모의 열등감으로 표출되는 경우가 매우 많다. 특히 '신체기형장애 Body Dysmorphic Disorder: BDD'의 사례에는 이러한 혼동이 종종 보인다.

한편 여성에게는 외모보다는 능력이라는 발상이 자체가 그다지 작용하지 않는다. 외모와 능력의 평가는 어디까지나 별개의 문제로, 굳이 말하자면 오히려 외모를 중시하는 경향이 많다. 따라서 이성에게 어필하기 위한 능력적인 노력으로, 기껏해야 좋아하는 남성과 같은 고등학교에 들어가고자 열심히 공부하는 정도에 그치는 경우가 많다.

즉, 사춘기 시점에서 이미 남성은 소유의 사상에 사로잡히게 된다. 지위나 명예나 돈과 같은 것들을 보다 더 소유한 능력이 많은 수컷만이 원하는 암컷을 소유할 수 있는 권리를 얻을 수 있다는 소유의 사상은 사춘기 시절에 철저하게 각인된다. 이 시기에 있어서 남녀 모두는 평등하게 학교의 가치관을 학습받지만, 이와 같은 가치관은 백 번 양보해도 '소유의 사상' 즉, 남성적 발상에 가깝다. 남성은 이를 고분고분하게 받아들이지만, 여성은 이미 세계가 이중의 구조로 되어 있다는 것을 이해하고 있다. 즉, 여성에게 있어서는 '소유'보다도 '관계'라는 측면이 보다 중요한 것이다. 관계의 승자에게 있어서 몸짓이나 용모 등을 포함하는 '신체성'은 그 무엇보다 중요하다. 이에 관해서는 다시 한 번 마지막 장에서 자세하게 다루기로 한다.

사춘기를 지나면서 여성의 신체에 대한 집착은 남성보다 훨씬 강한 것으로 변해간다. 이러한 집착이 여성에게 아름다움을 주기도 하지만 그와 동시에 병을 유발시키는 원인이 되기도 한다.

'히스테리'란 무엇인가

정신질환에 있어서의 성차를 알아보자면 역시나 '히스테리'에 관해 짚고 넘어가지 않을 수 없다. 이 병명은 정신의학에 있어서 정식 명칭이 아니며 이미 '사어死語'화 된 용어이다. 그러나 실제 임상 현장에서는 이 용어가 아직까지 현역으로 쓰이고 있다. 이와 같은 히스테리라는 오래된 그리고 한편으로는 새로운 문제에 관해 마지막으로 검토해보고자 한다.

 히스테리라는 병명은 상당히 옛날부터 널리 알려져 있었는데, 히포크라테스나 플라톤도 그 존재에 대해 언급하고 있다. 그리스 시대의 의학에서는 자궁(그리스어로 Hysteron)이 움직여 이동하는 것이 이 병의 원인이라고 생각했다. 즉, 히스테리는 그때부터 여성 특유의 질병이라고 생각되어 왔던 것이다. '마녀사냥'이 횡행했던 르네상스 시기에는 마녀라고 판단되어 처형된 히스테리 여성이 다수 있었다고 추측된다.

 그렇다고는 하지만 히스테리에는 딱히 꼬집어 말할 증상이 있는 것은 아니다. 히스트레를 크게 나누면 신체증상을 중심으로 하는 전환형과 의식상태의 변화를 중심으로 하는 해리형으로 구분할 수 있으나 여기서 이 모두를 다루는 것은 다소 무리가 있기 때문에 전환형을 중심으로 논해보고자 한다.

 전환형 히스테리가 보이는 신체증상은 매우 다채롭다. 대표적인 것만으로도 히스테리구⁴⁷, 난소통, 후궁반장⁴⁸, 감각상실⁴⁹, 시야협착視野狹窄, 히스테리성 맹盲/농聾/실청失聽 등 각종 마비, 실립失立/실보失步, 경련, 국한성局限性 동통疼痛⁵⁰ 등이 있다.

19세기 프랑스의 신경학자 샬코는 파리의 살페토리엘 병원에서 히스테리 환자의 치료를 담당했다. 그는 신경학의 시점을 통해 히스테리를 이해하고자 노력했다. 샬코는 히스테리 환자를 최면을 통해 치료할 수 있다는 것을 발견하고 히스테리가 신체가 아닌 정신에 의해 발생한다는 것을 확실히 제시했으며, 그 수는 적지만 남성에게도 히스테리 환자가 있다는 것을 밝혀냈다. 이를 통해 지금까지 히스테리가 '자궁의 병'이라는 옛 사고방식에서 벗어날 수 있었다.

샬코에게서 사사받은 프로이트는 친구인 의사 브로이어가 진찰하고 있던 안나라는 히스테리 환자의 치료경험에서 얻은 힌트를 통해 '정신분석'이라는 기법을 창안하게 된다. 그 결과가 바로 프로이트 최초기의 중요한 저작 『히스테리 연구』이다. 프로이트는

---

47 히스테리구globus hystericus: 히스테리구는 기질적인 원인 없이 즉 실제로는 아무 것도 없는데 목 안에 무엇인가 걸려있는 듯한 느낌이 나거나 목 안이 조여지는 느낌이 들며, 뱉어도 아무것도 나오지 않고 침을 삼켜도 넘어가지 않는 듯한 느낌을 말한다. 물을 마시면 증상이 다소 해소되지만 다시 원상태로 돌아오기도 한다. 일반적으로는 단순히 목에 무엇인가가 걸린 듯하거나 답답한 느낌을 호소하지만, 사람에 따라서는 목 안이 건조한 느낌, 가슴이 쓰리거나 타는 느낌이 들거나 통증을 느끼기도 한다.

48 후궁반장後宮反張, opisthotonus: 온몸에 걸친 근육의 긴장 발작으로, 팔다리를 뻣뻣하게 뻗고 등을 활처럼 젖히는 상태로, 파상풍·간질·뇌척수막염 따위가 원인이다. 반궁긴장이라고도 한다.

49 감각상실感覺喪失, anaesthesia: 신체의 전부 또는 국부 자극을 주어도 감각을 느끼지 못하는 상태. 감각탈실이라고도 한다.

50 동통疼痛: 신경神經에의 자극刺戟에 의해 몸이 쑤시게 느껴지는 아픔.

이 연구에서 히스테리가 성적 학대의 트라우마를 억압하는 것으로 인해 생겨난다는 것을 분명히 했다.

조금 더 자세히 말하자면 프로이트는 히스테리를 '표상의 질병', 즉 이미지에 의해 일어나는 병이라고 생각했다. 히스테리 환자는 예전에 받은 성적학대에 의해 생긴 '자아가 받아들이기 힘든 표상'을 억압하고 이를 무의식중에 가두려고 한다. 이 억압된 이미지가 이후에 신체적인 질병으로서 표현된다. 이것이 간단히 정리한 정신분석에 의한 히스테리의 메카니즘이다.

프로이트는 이러한 신체증상의 고통을 오르가즘과 같은 것이라고 생각했다. 증상이 나타나는 부분은 성감대에 해당한다. 프로이트는 한발 더 나아가 히스테리를 앓고 있는 사람은 신체를 에로스화 하면서도 그 반면 성적인 쾌락은 마비되어 있다고 생각했다. 간단히 말하면 섹시함에도 불구하고 불감증이라는 것이다. 즉, 히스테리를 갖고 있는 사람은 항상 이와 같은 분열을 품고 있는 것이 된다.

여기에서 프로이트는 절반은 의도하지 않았으나 매우 중대한 두 가지 진리를 찾아냈다.

우선 그 첫 번째로, 히스테리 증상의 신체성에는 어떤 기질적인, 즉 뇌신경계와 연관시킬 근거가 없다는 점이다. 프로이트는 원래부터 신경학자였기 때문에 이와 같은 지적은 한층 더 설득력이 있다.

두 번째로, 히스테리를 갖고 있는 사람은 늘 타자의 욕망을 자극하는 외모를 갖고 있음에도 불구하고 스스로 욕망을 추구하는 것을 포기하는 것과 같은 분열을 품고 있다는 점이다.

여기에서 '히스테리'를 '여성'으로 바꾸어도, 이와 같은 '진실'은 성립한다. 이것이 어째서 성립하는가에 대한 검토는 마지막 장 후에서 하도록 하겠다. 어쨌든 간에, 프로이트의 히스테리 연구는 '여성이란 무엇인가?'라는 질문에 대한 실마리를 제공해 주는 것이기도 했다.

프로이트와 마찬가지로 히스테리를 중시하는 라캉은 '히스테리'의 '질문의 구조'에 관해 생각했다. 히스테리를 갖고 있는 사람이 품고 있는 의문은 "자신은 남자인가 여자인가?", "여자라는 것은 무엇인가?"라는 것이다. 그리하여 이 물음의 형태는 환자의 성별과는 관계없다. 남녀 상관없이 히스테리는 다음과 같은 의문을 던진다고 라캉은 말한다.

이 '성별에 대한 의문'을 저자 나름대로 번안하면, 이는 '관계성'에 대한 물음이 된다. 젠더는 관계성 안에서만 존재할 수 있다. 따라서 히스테리를 안고 있는 사람은 항상 젠더에 의문을 제기하는 존재, 이를테면 젠더 센시티브한 존재이기도 한 것이다.

프로이트가 정신분석을 발안한 계기를 준 최초의 히스테리 환자인 안나는 그 후, 본명을 베르타 파펜하임 Bertha Pappenheim으로 바꾸고, 독일의 페미니즘운동에 큰 공헌을 했다. 억압의 상징과도 같은 '히스테리'를 가진 사람과 억압에서 해방을 목표로 하는 페미니즘의 조합, 여기에는 우연이라고 부르기에는 너무나도 흥미로운 결합을 엿볼 수 있다.

제5장

오타쿠에 있어서의 젠더 차이

왜 오타쿠인가

이 장章에서는 '오타쿠'와 젠더의 관계에 관해 생각해보고자 한다. 저자는 지금까지 자신의 전문분야와의 연관성 탓에 종종 오타쿠에 관해서 언급할 기회를 얻을 수 있었다. 물론 저자 개인은 오타쿠는 아니지만 적어도 친구나 지인들 중에는 광적인 오타쿠 혹은 오타쿠에 가까운 인물들이 적지 않다.

이는 저자가 2000년에 출판한 저서『전투 미소녀의 정신분석』(오타출판太田出版, 치쿠마분코ちくま文庫, 2006년)에 기인하는 바가 크다. 이 책에서 저자는 오타쿠의 섹슈얼리티를 정면에서 다루었다. 그 내용에 관해서는 이후에 다루겠지만 적어도 저자가 아는 한 당시의 섹슈얼리티 즉, 성욕이라는 시점에서 오타쿠를 분석한 저작은 거의 없었다.

최근에 이르러서 '모에'[51]라고하는 말이 널리 퍼짐에 따라 이

---

[51] 모에萌え: 모에라는 말은 본래 일본어의 초목의 새싹이 돋아나는 모양을 일컫는 말이다. 한편, 은어로 오타쿠 문화에 있어서 주로 애니메이션, 만화, 게임 등의 대상에 특정 감정을 표현하는 말을 가리킨다. 은어로서의 모에는 '좋아하다'라는 표현보다 대상에 대한 감정이 훨씬 깊은 경우 사용되는데, 이성이나 귀여운 어떤 대상에 대한 연애감정이나 성욕과 비슷한 감정이 '불타오른다'라는 의미의 일본어 '모에 아가루燃え上がる'를 인터넷 상에서 잘못 입력하는 데에서 유래한다는 설이 있다(모에燃え=모에萌え). 성립시기는 1980년 후반에서 1990년도 초반 사이에 성립되었다는 설이 유력하지만, 그 상

제서야 이와 같은 논의가 일반화되고 있다. 그러나 지금까지 '오타쿠의 성性'에 관한 문제가 진지하게 논의된 적은 거의 없었다. 저자는 모두가 이 문제를 외면하고자 하는 것처럼 느끼고 있었다.

즉, 모두 '오타쿠의 성'에 관한 문제를 눈치채고 있음에도 불구하고 없었던 일로 치부하고 있었던 것이다. 그렇다고는 하지만, 분명히 성에 관한 문제는 다소간 당사자에게 말하기 어려운 부분이 있을 것이다. 그렇다면 오히려 저자와 같은 '제3자'가 이 문제에 대해 다루는 편이 수월한 것은 아닐까?

쓸데없는 참견일지도 모르겠지만 저자는 대략 이와 같은 생각으로 이 세계에 발을 들여놓게 되었다. 그런데 저자는 적어도 젠더를 논하고자 한다면 이 오타쿠의 존재를 절대 빼놓을 수 없다고 생각한다. 오타쿠인 남성과 오타쿠인 여성에게는 서브컬쳐에 대한 태도가 마치 약속이나 한 듯이 명확하게 구분되기 때문이다. 어찌 보면, 젠더의 차이가 이렇게 명확히 나타나는 분야나 영역은 없다고 할 수 있다.

말할 것도 없이 오타쿠의 취미에는 어떤 규칙도 제약도 없다. 각각의 개인이 자유롭게 마음 가는대로 자신의 '욕망'을 추구하면 그만일 뿐이다. 즉, 오타쿠의 세계는 이렇게 자유로움에도 불구하고 남녀 모두 마치 일정한 룰이 있는 것처럼 이렇게 명확히 구분되는 이유는 무엇일까? 지금까지 이와 같은 물음에 누구하나 명쾌한 대답을 내놓은 이가 없다. 이와 같은 문제에 대해 저자는 이 책

세한 경위는 알 수 없다. 2000년 이후 오타쿠 용어로서 언론을 중심으로 자주 소개되어 널리 알려졌으며, 2005년에는 유행어 대상에 선정되기도 했다. 참고로 미소녀 모에, 캐릭터 모에 등 그 대상에 따라 많은 종류의 모에가 있다.

의 테마와 밀접한 관계가 있는 하나의 가설을 세웠다. 실제로 저자의 젠더에 관한 발상은 이와 같은 오타쿠론論을 확대 전개한 것이다.

젠더를 검토하는 데에 있어서 왜 오타쿠가 중요한 의미를 가질까?

대체로 그들은 그다지 성애활동이 활발한 사람들로는 보이지 않는다. 오히려 일반적인 젊은이들 중에서, 성애활동에 있어서 가장 '뒤쳐진' 집단이 오타쿠일 것이다. 그러한 차원에서 보자면, 젠더나 섹슈얼리티를 문제로 다루는 데에 있어서 보다 성적으로 활발한 집단(예를 들어 '불량 청소년' 등)을 대상으로 삼는 편이 좋지 않았을까?

분명히 그와 같은 생각에도 일리가 있다. 그러나 저자는 그와 완전히 반대의 생각을 갖고 있다. '현실'의 성性 행동에는 너무나도 불순물이 많기 때문에, '현실'에만 집착해서는 욕망의 진정한 모습이 정확하게 보이지 않는다는 것이다.

남성과 여성이 서로 사랑해서 성관계를 갖고 이윽고 결혼하여 자녀가 태어나 가정을 만든다. 이러한 의미에서 남성과 여성 모두 원하는 것은 동일하다는 말도 일리가 있다. 그러나 진정 그러한 것일까?

저자는 '결혼'이나 '가정을 꾸리는 것'이라고 하는 사회적 행동은 방대한 타협과 조정의 산물에 지나지 않는다고 생각한다. 실제로 남녀는 상당히 다른 성욕의 스타일을 갖고 있으나 일단 그 욕망을 실현하고자 하면 데이트나 섹스, 혹은 제도적으로는 결혼이나 가정이라는 형식을 빌리지 않으면 안된다. 즉, 우리들이 성욕을 실현하는데에 있어서 상식이나 제도와 같은 '불순물'이 막대한 영향을 끼치고 있는 것이다.

따라 원래부터 상당한 괴리가 있는 남과 여의 섹슈얼리티가 외관상 같은 목표를 향하고 있는 것처럼 보이는 경우가 종종 있는데, 여기에 존재하고 있는 것은 젠더의 본질이 아닌 이데올로기나 제도가 반영된 그 무언가에 지나지 않는다. 오히려 섹스나 결혼과 같은 관계의 형식은 젠더의 차이를 무시하면서도 실현 가능한 뛰어난 발명이라고 보는편이 타당할지도 모른다. 그러나 결혼생활 하나를 들더라도 그곳에 투영된 남성의 환상과 여성의 환상은 매우 다르다. 이에 관해서는 3장에서 자세히 논했는데, 마찬가지로 섹스나 자녀의 의미에 관해서도 남성과 여성이 갖고 있는 개념에는 상당한 거리가 있다.

젠더는 후천적으로 구성되기 때문에 오직 신체를 통해서 증명되는 실체를 갖지 않는다. 따라서 젠더는 가장 근원적인 환상이기도 하다. 젠더의 차이를 이해하고자 한다면 이와 같은 환상의 실체에 눈을 돌리지 않으면 안된다. 즉, 아직 행동으로 옮기기 전의 공상이나 상상이야말로 젠더의 본질이 가장 잘 반영되어 있다는 것이다. 그렇기 때문에 저자는 성적 활동이라는 측면에서 가장 뒤처진 집단인 오타쿠들의 상상력에 주목하는 것이다.

전혀 이성과의 관계를 갖지 않는 사람에게도 상상속의 성생활이 있다. 동정이라고 말해지는 시인 미야자와 켄지宮澤賢治나 오테타쿠지大手拓次와 유명한 건축가들의 작품은 그들 나름의 독특한 에로티시즘을 칭송하고 있다. 오히려 이들의 작품에서는 아직 현실의 성관계에 오염되지 않은 순수하게 배양된 섹슈얼리티를 엿

볼 수 있다고 생각한다. 일반적으로 자위행위에서의 환상은 현실에서 성체험을 경험하기 전의 경우가 그 이후보다 자유분방하다라고 한다.

젠더의 차이를 구조적으로 파악하기위해서는 실로 이와 같은 '순수함'이 필요하다. 결코 이는 과장이 아니다. 오타쿠의 섹슈얼 환상에서 엿볼 수 있는 젠더의 차이야말로 본질적인 차이가 분명하다.

오타쿠란 누구를 가리키는가

그렇다면 오타쿠에 있어서의 젠더의 실체에 관해 생각해보자. 앞서 언급한 바와 같이 저자는 일찌기 『전투 미소녀의 정신분석』에서 오타쿠에 관해서 자세하게 설명했다. 이 책은 원래부터 일본의 만화나 애니메이션 작품에 등장하는 '무기를 들고 싸우는 미소녀' 캐릭터가 높은 인기를 끌고 있는 이유는 무엇인가라는 의문을 계기로 쓰여진 것이다. 물론 서양에도 영화 〈에일리언〉이나 〈툼 레이더〉 등과 같이, 전투 혹은 투쟁하는 여성이 등장하는 작품은 많다. 그러나 서양의 경우 거의 아마조네스와 같은 강인한 성인 여성이 그 주인공으로, 일본과 같이 겨우 유치원이나 초등학생 소녀가 전투를 하는 작품은 지금까지 거의 찾아볼 수 없었다. 최근 〈파워 퍼프 걸즈The Powerpuff Girls(어린 소녀 세 명이 전투를 벌이는 미국의 카툰 작품)〉와 같은 예외적인 작품조차도 결국 일본의 애니메이션의 영향으로 제작된 것이다.

결론을 요약해서 소개하자면, 이와 같은 전투 미소녀들을 전면에 내세운 것은 분명히 오타쿠들의 욕망이다. 그들의 욕망과 작가의 욕망이, 발달된 시각 미디어를 매개로 복잡한 상호작용을 일으킨 결과 2차원상에 탄생한 특별한 캐릭터, 이것이 바로 '전투 미소녀'인 것이다.

그렇다면, 오타쿠들의 욕망은 무엇일까? 아니, 원래 오타쿠란 누구를 가리키는 것일까? 극히 일반적으로는 오타쿠라는 말은 성인 애니메이션 게임의 팬을 가리키는 경우가 많다. 물론, 만화팬, 피규어 수집가, 괴수영화 등의 특수효과 마니아도 오타쿠라고 불리기도 한다. 익히 알려진 바와 같이 그들이 애호하는 것은 본래라면 초등학생이나 겨우 중학교를 갓 졸업한 정도의 미소녀뿐이다. 그러나 오타쿠들은 사춘기를 지나 성인이 되어서도 애니메이션이나 게임의 캐릭터에 대한 애정을 계속해서 이야기한다.

이러한 그들의 태도는 종종 현실도피라고 인식되는데 그래서 사람들은 오타쿠들에 대해서 '인간으로서 미성숙한 존재', '현실과 허구를 혼동하고 있는 존재', '현실로 돌아가라'라는 등의 비판을 하게 된다. 그러나 이러한 비판은 거의 인상론에 지나지 않으며 이렇다할 근거를 제시하고 있는 것도 아니다. 말하자면, 오타쿠에 대해서 표면적인 인상을 초월한 더 깊숙한 곳에 대해 생각해보고자 하는 사람은 없다.

저자의 '오타쿠'에 대한 기술은 다음과 같다. 참고로 말하지만, 이는 '설명'일 뿐이지 '정의'가 아님을 명심하기를 바란다. 만일 이것이 정의라면 "이와 일치하지 않는 사람은 오타쿠가 아니다."라는 말이 되지만, 설명에는 '예외가 있을 수 있다'.

- 허구의 콘텍스트에 친화성이 높은 사람
- '이중지남력二重指南力'[52]이 아닌 '다중지남력多重指南力'을 가진 사람
- 사랑하는 대상을 '소유'하기 위해 허구화라는 수단에 의존하는 사람
- 허구 자체에서 성적 대상을 이끌어 낼 수 있는 사람

이와 같은 기술만으로는 어렵기 때문에 간단히 부연설명을 하고자 한다. 우선 처음의 '허구의 콘텍스트'라는 말인데, 단순하게 '허구를 좋아하는 사람'이라고 하지 않은 것은 그렇게 단순한 것이 아니기 때문이다. 오타쿠는 일반적으로 허구인 것 자체에서 가치를 구한다. 그렇기 때문에 그들은 허구의 차원에 대해서도 민감하다. 이는 '현실인가 허구인가'라는 조잡한 구별이 아니다.

애니메이션에 있어서도 게임에 있어서도 그곳에는 복잡한 차원의 허구/현실이 존재한다. 우선 작품이 그려진 세계가 존재한다. 그리고 작품 안에 그려진 혹은 묘사된 작자의 개인적인 심정, 작가와 프로덕션의 관계라는 작품의 뒷배경, 작품이 어떤 경로로 유통되고 어떻게 수용되었는가 하는 마케팅의 세계, 그리고 작품이 현대사회와 어떤 관계를 갖고 있는가를 검토하는 비평적 세계 등이 존재하는 것이다. 하나의 작품에 있어서 이와 같이 다층적인 수용 방법이 있는 이상 어느 층이 허구이고, 어느 층이 현실인가를 따

---

[52] 1) 지남력指南力, orientation: 자신이 놓인 상황을 시간적·공간적으로 바르게 파악하여 이것과 관계되는 주위 사람이나 대상을 똑똑히 인지하는 일을 가리킨다. 점위력, 방위 측정력.

2) 이중지남력二重指南力, double orientation: 건강한 혹은 정상의 현실세계와 병적인 망상세계를 평행하게 동시에 안고서 살아가는 것. 이와 같은 증상을 가진 사람은 감정, 사고, 행동 및 인격이 마치 분열된 것과 같은 양상을 보이기 쉽다.

지는 것은 의미가 없는 일이다.

오타쿠가 '작품을 즐긴다'는 것은 그 작품을 이와 같은 복잡한 차원에서 이야기하고 혹은 분석해 나가면서 즐기는 것을 의미한다. 즉, 허구의 허구성 그 자체가 오타쿠의 즐거움의 핵심인데 이것을 저자는 '허구 콘텍스트에 대한 친화성'이라고 부른다.

저자는 이와 같은 능력을 고전적인 정신의학용어인 '이중지남력二重指南力'에 빗대어 '다중지남력多重指南力'이라고 부른다. 이는 앞서 언급한 것과 같은 복잡한 차원에서의 하나의 작품의 가치를 파악할 수 있는 능력을 가리킨다.

이와 같은 오타쿠가 그 어느 곳보다 자신의 실력을 100% 발휘하는 분야는 자신이 좋아하는 작품을 소유하고자 하는 태도에 다름 아니다. 예를 들어 일본에서 일년에 2회, 8월과 12월에 개최되는 오타쿠계의 최대 이벤트 '코믹 마켓(통칭 코미케)'에서는 매회 수십만 명의 오타쿠가 집결하여 동인지의 판매나 코스프레(좋아하는 만화나 애니매이션의 등장인물과 같은 복장을 하며 즐기는 행위) 등을 즐긴다. 여기에 참가해보면 '오타쿠적인 행동'이 무엇인가에 관해 잘 알 수 있다.

오타쿠는 단순한 애니메이션의 팬이 아니다. 그들이 계속해서 오타쿠이기 위해서는 '오타쿠적인 행동'을 하지 않으면 안된다. 이것은 예를 들자면 게시판이나 블로그에 좋아하는 작품에 대해 논하는 것이며, 동인지를 만드는 것이기도 하며, 코스프레를 하는 것이기도 하다. 이와 같은 활동에는 하나의 공통점이 있다. 예를 들어 동인지. 코믹 마켓에는 매회 3만 개가 넘는 동호회가 참가하고 있으나 그곳에서 판매되는 동인지의 대부분은 2차 창작물이다. 즉,

애니메이션·만화의 패러디 작품이다.

인터넷의 발달은 이러한 2차 창작물의 무대를 극적으로 확대시켰다. 지금은 누구라도 인터넷 게시판이나 웹 사이트를 통해서 자신의 작품을 간단하게 발표할 수 있다. 이러한 작품의 대부분은 좋아하는 캐릭터 일러스트나 SS(Short story 혹은 Side story: 좋아하는 작품의 캐릭터의 설정을 차용하여 재차 가공한 이야기)라고 불리는 소설이다. 일러스트든 SS든 동인지든 간에 오타쿠의 활동의 대부분은 작품의 2차 창작에 있다. '작품을 소재로 하여 즐기는 것'이라는 점에서 보면 비평과 코스프레도 일종의 2차 창작이라고 볼 수 있다. 이러한 사실은 매우 중요하다.

저자는 이러한 2차 창작이 그들에게 있어서의 애정의 형식이라고 생각한다. 그들은 그 작품을 사랑하기 때문에 작품의 패러디 즉, 더욱더 허구화에 노력하는 것이다. 이는 사랑하는 허구를 더욱더 허구화 하는 것을 통해 대상을 '소유'하고 상대와 '관계'를 맺고자 하는 것이다.

그런데 동인지 중에서 특별히 인기가 높은 것은 '18금: 18세 미만 구독불가의 성인물'이라고 불리는 장르다. 이 장르는 그 이름을 통해 쉽게 연상할 수 있듯이 원작을 포르노화한 패러디 작품이다. 이런 작품이야말로 오타쿠들의 욕망이 더 단적으로 나타나는 부분이라고 할 수 있다.

다시 한 번 말해두지만, '오타쿠'는 섹슈얼리티의 문제이기도 하다. 그들은 자신의 성욕조차도 허구를 통해 만족시키고자 한다. 구체적으로 자신이 좋아하는 애니메이션이나 게임의 캐릭터를 성적관계에 놓고 그 환상을 이용하여 자위행위를 하는 것이 가능한 것이다. 그러나 이는 일종의 특수한 능력(?)으로, 모든 사람이 애니메이션적인 데포르메[53]에 의해 묘사된 캐릭터의 그림을 보고 성욕을 느낄 수 있는 것은 아니기 때문이다. 저자는 저서에서 '애니메이션을 보고 (자위행위 등을 통해) 사정할 수 있는가 여부'가 오타쿠와 일반인에 있어서의 최대의 차이라고 썼는데 이에 대한 독자들의 평가는 대체로 부정보다는 긍정의 의견이 많았다. 딱히 이 표현에 집착하고자 하는 것은 아니지만 이는 매우 중요한 포인트임에는 틀림없다.

오타쿠가 허구 자체를 성욕의 대상으로 삼는 것이 가능한 것은 정치적으로도 중요한 의미를 갖는다. 일반적으로 그들은 종종 현실의 이성관계에 문제가 있기 때문에 허구의 캐릭터에 몰두할 수밖에 없다고 생각하기 쉽다. 그러나 실제로 연인이나 배우자가 있음에도 불구하고 허구의 캐릭터에 몰두하는 사례가 드물지 않다. 즉, 오타쿠의 이러한 행위는 단순한 보상행동이 아니다.

오타쿠의 섹슈얼리티에는 일종의 해리解離 즉 분열이 존재한다. 그들은 '현실(혹은 일상)의 섹슈얼리티'와 '허구의 섹슈얼리티'에 있어서 각각 서로 다른 두 얼굴을 갖고 있는 것이다. 예를 들어 '18금'에는 다양한 성적 기호嗜好(취향)의 묘사가 포함되어 있다. 이 중에서 특히 문제가 되는 것은 남성 오타쿠들의 '롤리타 콤플렉스' 즉, 소아성애에 대한 성도착이다. 이러한 기호嗜好 때문에 남성 오타쿠가 혐오의 대상이 되기 쉽다. 1989년에 일어난 유치원생 연

---

[53] 데포르메deformer: 프랑스어로 미술용어. 회화·조각 등에서 의식적으로 대상을 과장·변형시켜 표현하는 것.

속살인사건의 범인 미야자키 츠토무[54]에 대한 기억이 아직 완전히 잊혀지지 않는 것처럼 말이다. 오타쿠에 의한 심각한 성범죄는 거의 발생하지 않았음에도 불구하고 미야자키 사건 이후로 오타쿠를 예비 성범죄자로 바라보는 편견은 아직도 지배적이다.

그러나 실제로 남성 오타쿠의 대부분은 실생활에 있어서는 소아성애자가 아니다. 그들은 일상에서 극히 정상적인 이성을 선택하고 있으며 성생활도 '건전'한 경우가 대부분이다. 저자가 아는 한 주위의 오타쿠 중에서 진성眞性 소아성애자를 본 적이 없다. 이것이 단순한 인상론에 그치지 않기 위해서라도 앞으로 오타쿠(혹은 여성 오타쿠[55])에 대한 킨제이 보고서[56]도 나왔으면 하고 기대한다.

그러나 이제부터가 중요한데, 지금부터 깊고도 광대한 오타쿠의 젠더 문제에 대해 알아보도록 하자.

---

[54] 미야자키 츠토무宮崎勤: 동경 및 사이타마에서 연속 유치원생 연속 유괴살인사건의 용의자로 체포되어 기소된 후 사형판결을 받고 사형됨. 참고로 사건은 3세부터 7세의 여아를 성추행하고 살해한 사건으로 범인의 범행성명을 신문사에 보내거나 불태운 피해자의 유골을 유족에게 보내거나 하는 등의 엽기적인 행동으로 인해 최악의 범죄사건 중 하나로 기록됨.

[55] 여성 오타쿠: 일본어로 후죠시腐女子라고 하며 남성간의 사랑을 취급하는 야오이やおい나 보이즈 러브ボーイズラブ, Boys love 등을 좋아하는 여성을 가리키는 말로, 단순히 오타쿠의 취미를 가진 여성 전반을 가리키기도 한다. 생각의 문제가 있어 정신이 부패했다라는 의미로 일본어인 부녀자婦女子(후죠시)와 음이 동일하다는 점에서 패러디되어 사용되기 시작함.

[56] 킨제이 보고서Kinsey report: 앨프레드 킨제이Alfred Charles Kinsey(1894-1956) 박사 등이 인간의 성적 행위에 대해 조사한 두 권의 책이다. 1948년에 『인간 남성의 성적 행위Sexual Behavior in the Human Male』가, 1953년에는 『인간 여성의 성적 행위Sexual Behavior in the Human Female』가 출판되었다. 킨제이 보고서는 지금까지 '인간의 성性'이라는 터부시 되었던 내용을 주제로 하여 방대한 조사를 처음으로 실시하여 당시 미국 사회를 놀라게 했다. 그리고 그 조사 내용 역시 큰 충격을 가져왔는데 이성애 및 금욕생활이 도덕적이고 일반적인 규범이라는 사회적 통념을 깨뜨렸다.

'야오이' 문화의 특이성

우선, 여성 오타쿠의 기호嗜好에 관해 알아보자.

여성 오타쿠는 현재 일본어로 '후죠시腐女子'라고 불리운다. 이 말도 최근에 와서야 시민권을 획득한 말로 '후죠시'를 사전 지식이 없는 사람에게 처음부터 하나하나 설명하는 것은 매우 어려운 일이다. 후죠시를 올바로 이해하기 위해서는, 우선 '야오이やおい'라는 장르에 관해 이해할 필요가 있다.

'야오이'는 만화나 소설의 장르를 나타내는 용어로 이에 관한 저자가 아는 한 가장 간결한 정의는 다음과 같다. '여자가 여자를 위해 쓴 남자 간의 연애 이야기'(나카지마 사호코中島沙帆子의 『전뇌 야오이 소녀電雷やおい少女』, 치쿠쇼보竹書房, 2002년). 다만, 이 연애 이야기의 대부분이 패러디 작품, 즉 2차 창작물이다. 오타쿠의 패러디 지향에 관해서는 앞서서도 언급했지만 '야오이'도 역시 마찬가지로 패러디에 속한다. 다만, 패러디라고는 하더라도 남성 오타쿠의 패러디가 포르노물이라면 야오이의 패러디는 호모섹슈얼로 변화한다.

'야오이'를 모르는 사람들도 순정만화 장르 중에 소년 애정물이 있다는 정도는 알고 있을 것이다. 이러한 장르에는 타케야마 케이코竹宮惠子의 『바람과 나무의 시風と木の詩』나 하기오 모토萩尾望都의 『토마의 심장トーマの心臟』 등이 유명하다. 요시다 아키오吉田秋生의 걸작 『BANANA FISH』 등도 이와 같은 계열에 들어간다. 순정만화는 왜 이처럼 반복해서 소년간의 애정을 다루는 것일까? 이와 같은 의문은 '야오이'에 대한 의문과 거의 일치한다.

후죠시가 패러디의 '소재'로 사용하는 것은 주로 『캡틴 츠바사キャプテン翼』나 『유유백서幽遊白書』, 그리고 최근에는 『테니스의 왕자テニスの王子様』나 『데스노트デスノート』 등과 같은 소년을 대상으로 한 만화작품(그것도 〈소년 점프〉라는 잡지가 차지하는 비율이 매우 높다)인 경우가 많다. 이들 작품에 등장하는 캐릭터들 사이의 관계를 호모섹슈얼한 내용으로 멋대로 해석해 독자적인 연애 이야기를 탄생시킨다.

패러디의 대상에는 소년 만화나 애니메이션이 많으나 그 외에도 소설의 주인공이나 실제 야구선수, 아이돌 등도 이와 같은 패러디의 '소재'로 사용된다. 일설에 의하면 무생물을 포함해 삼라만상의 모든 것이 야오이의 소재가 될 수 있다고도 한다.

참고로, '야오이'라는 것은 일본어로 '야마나시ヤマなし, 오치나시オチなし, 이미나시イミなし' 즉, "절정도 없고, 마무리도 없고, 의미도 없다."는 말의 약어이다. 말하자면, 이야기성을 일절 배제하고 오직 특정 커플이 호모섹슈얼한 관계성을 어떻게 전개하는가만이 중요하다.

사실 최근에는 '야오이'라는 말의 사용빈도가 옛날보다 많이 줄어들어 '호모'나 '보이즈 러브(BL)' 등으로 불리는 경향이 있다고 한다. 다만, 엄밀하게 말하자면 BL은 패러디가 아닌 오리지널 상업작품을 가리키는 경우가 많기 때문에 장르적으로는 별개의 것이라고도 말할 수도 있다. 이와 관련된 논의는 복잡한 데다가 이 책의 주제와 그다지 관계가 없기 때문에 이 정도로 해두고, 이후 이 책에서는 이와 같은 장르의 작품을 '야오이'로 통일한다.

참고로 '야오이'라는 장르는 일본 독자적인 것이 아니다. 이는 원래 서양의 팬픽션(원작의 팬에 의한 2차 창작)의 장르 중 하나인 '슬래시 픽션slash fiction'에 해당한다. 스타트랙[57]의 인기에서 파생된 이 장르는 스타트랙의 등장 인물인 커크 선장과 미스터 스팍의 연애 관계를 그리는 등, 역시나 호모섹슈얼적인 관계성에 집착한다.

후죠시라는 말에서부터 알 수 있듯이(後腐+죠시女子), '야오이' 작품의 제작자 및 소비자는 거의 여성이다. 앞서 언급한 코믹 마켓도 참가자의 과반수가 여성이며, 게다가 그 대부분이 후죠시 즉, '야오이' 작품의 애호가이다.

롤리타 콤플렉스의 작품을 애호하는 남성 오타쿠가 반드시 진성 소아성애자라고 볼 수 없는 것처럼, 후죠시도 역시 일상생활에서는 극히 평범한 이성애자인 경우가 많다고 한다. 그런 의미에서 여성들의 성적 기호嗜好에도 일종의 해리解離를 발견할 수 있다.

다만, 후조시에 대한 기술은 이 정도로 해 두고자 하는데 이는 남성 오타쿠 이상으로 일반화하여 기술하는 것이 어렵기 때문이다. 사실 지금까지 출판된 대부분의 후죠시에 관한 분석본이 그 당사자들에게 매우 격렬하게 비판을 받아왔다. "후조시란 이런 사람들이다."라는 기술은 오타쿠에 관한 기술만큼이나 당사자들의 반발을 사기 십상이다. 그 이유에는 여러 가지가 있겠지만, 그중에서도 가장 큰 이유는 역시 후죠시가 오타쿠 이상으로 다양성을 가

---

[57] 스타트랙Star Trek: 미국에서 제작된 공상 과학 장르의 엔터테인먼트 미디어 프랜차이즈이다. 1966년 TV 시리즈가 진 로덴베리Gene Roddenberry에 의해 처음 제작된 이래, 수많은 텔레비전 드라마 후속작 및 파생작과 영화, 수십 개의 컴퓨터 및 비디오 게임, 수백 편의 소설과 라스베가스의 테마물 등이 만들어졌다.

진 집단이기 때문이라고 생각된다. 특정 후죠시 단체에 관한 기술이 타 후죠시 그룹에는 해당하지 않는 경우가 종종 있다.

그러나 저자가 오타쿠에 관해 기술한 내용의 대부분이 그대로 후죠시에게도 해당된다. 따라서 여기에서는 모든 후죠시에게 공통되는 요소, 즉 "남성 캐릭터간의 호모섹슈얼적인 관계성에 높은 관심을 가지고 있다."는 점에 초점을 맞추고자 한다.

그렇다면 왜 후죠시는 호모섹슈얼을 좋아하는 것일까?

물론 당사자들에 의한 후죠시 분석도 적지는 않지만 그 대부분은 '야오이'를 억지로 페미니즘의 문맥을 통해 이야기하고자 하거나, "후죠시의 망상은 이렇게 별나지만 사실 실제로는 보통의 여자아이입니다." 등의 옹호론인 경우가 많아 솔직히 말해 무언가 설명이 부족한 것이 사실이다. 특히 왜 여성이 가장 자극적인 섹슈얼 환상으로 게이 커플의 연애관계를 선택하는지에 관한 핵심에 대한 분석이 보이지 않는다.

앞에서는 '오타쿠의 애니매이션 캐릭터에 대한 성애'에 관해 강조했는데, 야오이를 둘러싼 그녀들의 '망상'도 순수한 섹슈얼 환상에 있음에 틀림없다. 예를 들어 만화가인 우즈키 타에코卯月妙子는, 중학생 시절에 『캡틴 츠바사キャプテン翼』를 소재로 한 격렬한 야오이를 접하고 오줌을 지릴 정도로 충격을 받고 성에 눈을 떴으며, 이후 이 책을 통해 자위행위를 했다고 한다(『실록 기획물実録企画モノ』오타슛반太田出版, 2000년). 그리고 마찬가지로 만화가인 노비 노비타野火ノビタ(본명 에노모토 나리코榎本ナリコ)씨에 의하면, 그녀가 태어나 처음 그린 만화는 소년끼리의 섹스신이었다고 한다(『어른들은 이해해 주지 않아大人は判ってくれない』, 니혼헤이론샤日本評論社, 2003년). 에노

모토 나리코씨는 『센치멘탈의 계절』 등으로 알려진 작가인데, 그녀는 원래부터 '야오이'계의 작가로서 출발했다. 일반적으로 후죠시는 자신에 대해 이야기하는 것을 꺼리는데 반해 그녀는 날카로운 자기분석을 하고 있어서 이채롭다.

에노모토씨에 따르면, 후죠시는 '위상位相 차이에서 '모에萌え'한다(즉, 섹슈얼한 감정을 느낀다)'고 한다. 여기서 말하는 '위상位相'이란 말하자면 관계성關係性에 있어서의 위상을 가리킨다. 특정 소년 만화작품에 남자간의 우정이나 갈등 관계가 묘사되어 있다고 치자. 여기에서 그녀들이 열렬하게 주목하는것은 바로 이와 같은 등장 인물들의 상호 관계성인 것이다.

후죠시들은 어떻게 그곳에 묘사되어 있는 미묘한 몸짓, 시선, 대사 등등의 단편으로부터 이러한 관계성을 연애 즉, 호모섹슈얼적인 관계성의 위상으로 변환시키는 것일까? 이것이야말로 '야오이'에 있어서 문제시되는 가장 보편적인 테마임에 틀림없다.

비쥬얼에 편중된 남성 오타쿠

이어서 남성 오타쿠의 욕망에 관해서도 간단히 검토해보자.

남성의 경우 후죠시와 비교해 보면 한참 단순하다. 다시 말하면 미소녀 캐릭터, 즉 '모에萌え 캐릭터'의 비주얼이 모든 것의 기본이라고 말해도 과언이 아니다. 물론 '모에'에 관해서 이야기하자면, 캐릭터의 성격 설정도 중요하며, 애니메이션이라면 캐릭터의 '목소리'의 존재도 무시할 수 없다. 그러나 일반 캐릭터의 '내

면'은 모두 모에 캐릭터의 외모적 특징에 의해 나타난다. 또한 성우의 연기는 캐릭터의 시각적 특성 즉, 외모에서 크게 벗어나지 않는 범위 안에서 '형성'된다. 따라서 캐릭터 모에에 있어서 비주얼이 가장 중요한 요소라는 점은 변함이 없다. 그 외에도 세계관의 설정이나 이야기의 구조에 대한 집착도 있을수도 있으나, 이 모두는 섹슈얼리티라는 측면에서는 모에 캐릭터의 존재만큼 중요하지는 않다.

이러한 남성 오타쿠에 있어서의 '모에'는 그 기본구조가 페티시즘[58]의 그것과 거의 일치한다. 페티시즘 즉, 인간이 아닌 대상에서 성욕을 느끼는 것으로 이는 바로 오타쿠적 성욕을 상징하는 '전투 미소녀'가 그 전형典型이다. '전투 미소녀'라는 성욕의 대상은 거의 완벽한 허구의 존재이다. 즉, 그런 캐릭터는 현실에는 존재하지 않는다. 그러나 여기에서는 바로 이 "현실에는 존재하지 않는다."는 점이 중요하다. 모든 전투 미소녀들이 완전히 허구의 2차원적 존재이며 일말의 실체도 동반하지 않는다는 점이다.

정신분석에 따르면, 이것이야말로 바로 이상적인 욕망의 대상이 된다. 강렬한 욕망을 끌어들이는 외모에도 불구하고 실체는 결여되어 있기 때문에 그 대상에 의한 최종적인 만족은 결코 얻을 수 없다. 여기에는 이상적인 페티시fetish의 조건이 완벽하게 갖추어져 있다.

페티시에 대한 사랑은 소유에 의해서만 표현될 수 있다. 그렇기 때문에 오타쿠는 종종 수집가로서의 일면을 갖게 되는 것이

---

[58] 페티시즘fetishism: 이성異性의 몸의 일부, 옷가지, 소지품 따위에서 성적 만족을 얻는 이상 성욕의 하나. 혹은 이성물애.

다(다만, 오타쿠가 모두 수집가라는 등식은 성립하지 않는다). 피규어나 DVD의 수집은 가장 알기 쉬운 소유욕의 표현이다.

이것이 매니아라면, 그대로 수집의 길로 푹 빠져버리게 될 것이다. 그러나 오타쿠는 다르다. 그들은 매니아만큼 수집에 집착하지 않는다. 오히려 그들이 집착하는 것은 '바라보는' 행위 그 자체이다. 그리고 말할 것도 없이 '바라보는 것'은 소유의 제일 첫 단계인 것이다. 그렇다, 남성의 섹슈얼리티는 철저하게 시각에 의존한다. 남성들에게 포르노의 수요가 발생하는 것은 바로 이 때문이다. 한편 여성의 섹슈얼리티는 남성만큼 시각에 의존하지 않는다. 한 예로 어떤 여성 잡지가 페미니즘적인 의도를 가지고 남성의 누드를 게재했는데 정작 그 잡지를 다수 구입한 것은 여성이 아닌 게이들이었다는 에피소드가 있을 정도이다.

남성에게 있어서 '바라보는 것'은 성행위의 일부라고도 할 수 있다. 이 점에서도 여성과 대조적인 것을 알 수 있다. 성행위 때 남성과 여성 어느 쪽이 조명을 끄고 싶어하는가를 생각해보면 알기 쉬울 것이다. 그렇기 때문에 모에萌え 캐릭터의 비주얼 이미지야말로 남성 오타쿠에게 있어서 가장 중요한 '모에의 요소'가 된다. 애니메이션 미소녀의 소위 '모에의 요소'의 대부분이 신체의 각 부위와 함께 촉수, 고양이 귀, 안경, 방울, 메이드 복, 꼬리 등의 극단적인 시각 요소인 것은 바로 이 때문이다.

후죠시와 비교해 볼 때 남성 오타쿠의 '모에'에 있어서 관계성의 우선 순위는 그다지 높지 않다. 그들은 한 명의 미소녀 일러스트를 통해서도 충분히 '모에'라는 감정을 불러일으킬 수 있다. 가장 단적인 예를 들자면, 남성 오타쿠를 대상으로 하는 포르노에

'촉수물'이라는 장르가 있다. 이 장르는 여성 캐릭터가 괴물의 촉수에 능욕되는 장면을 포함하고 있는 작품을 가리킨다. 말할 것도 없이 여기에는 '관계'라고 볼 만한 것이 전혀 존재하지 않는다.

이러한 남성 오타쿠의 욕망은 어찌보면 지극히 단순하다고 할 수 있다. 최근에는 '츤데레'[59]와 같은 관계성이 삽입된 캐릭터 설정이 유행하고 있기는 하다. 이러한 의미에서 남성 오타쿠의 모에의 양상도 변화하고 있으나 그렇다고 해도 여기에서 언급한 비주얼 편중의 경향은 여간해서 변하기 어려울 것이다.

오타쿠에게 있어서의 '입장 혹은 체면'이란?

지금까지 알아본 바와 같이 후죠시의 욕망과 남성 오타쿠의 욕망은 매우 이질적인 구조를 갖고 있다. 이와 같은 차이를 한마디로 말하면 다음과 같다. 남성 오타쿠의 욕망은 '소유'를 추구하고 있으며 '후죠시'의 욕망은 '관계'를 추구하고 있다. 즉, 오타쿠의 일반적인 현실을 통해 이와 같은 '명제'를 추출할 수 있는 것이다.

이제부터는 어째서 이와 같은 차이가 생겼는가에 관해서 검토

---

[59] 츤데레ッンデレ는 '츤츤데레데레ッンツンデレデレ'의 약어로 캐릭터의 형용어 중 하나이다. 어떤 이야기의 도입 단계에서는 차가웠던(츤츤=퉁명스럽게 토라진 모습, 적대적인) 인물이, 어떤 사건을 계기로 인해 다정한(데레데레=좋아서 어쩔줄 몰라 흐물흐물해진 모습) 인물로 변화하는 것, 혹은 보통 때는 차가운 인물이지만 어떤 조건하에서만 다정하게 변화하는 것을 말한다. 아니면 원래부터 좋아하는 대상에 대해 솔직한 감정을 표현하지 못하고 차갑게 대하는 인물 혹은 성격 등을 가리키기도 한다. 현대용어사전인 'IMIDAS2006'(2005년 11월)에 기재된 후, 2005년 전후를 기해 일반에도 널리 주목받게 된 것으로 보인다.

해보도록 하겠다.

앞서 언급한 에노모토씨는 이러한 차이의 원인에 관해 "남성은 자신의 체면, 즉 입장을 확실히 정하지 않으면 '모에'라는 감정을 느낄 수 없기 때문이다."라고 말했다. 이것은 무엇을 의미하는 것일까?

남성 오타쿠의 경우, 욕망에 앞서서 우선 자신의 입장을 확실히 정립해 둘 필요가 있다. 자신이 '욕망의 주인'인 것이 보장되지 않으면 안정된 욕망을 유지할 수 없기 때문이다. 따라서 그들은 '오타쿠의 정의'에 집착한다. 그들에게 있어서 "오타쿠는 무엇인가?"라는 자기 규정이 필요한 것이다. 오타쿠에 관한 논의가 이렇게 왕성한 것은 이와 같은 이유 때문일 것이다.

다만, 이것은 오타쿠에게만 해당하는 이야기는 아니다. 4장의 내용을 다시 한 번 말하자면 '남성은 입장(체면)으로 살아가는 동물이며, 여성은 관계를 중시하는 생물'이다. 즉, 남성은 일반적으로 자신의 '입장 혹은 체면'이 붕괴되는 것을 매우 두려워한다. 남성은 대상을 욕망할 때, 스스로의 입장을 정하는 것이 아무래도 꼭 필요하다. 이는 페니스가 아닌 팰러스[60]를 소유한 존재로서의 어쩔 수 없는 숙명이기도 할 것이다. 팰러스의 위치와 방향성이 정해지지 않으면 남성은 스스로 원하는 것조차 제대로 마주볼 수 없는 것이다.

아니면 이브 코소브스키 세지윅Eve Kosofsky Sedgwick의 호모쇼셜[61]

---

[60] 팰러스phallus: 추상적 음경.

[61] 호모쇼셜homosocial: 동성同性간에 한해서만 사회적 관계를 맺는 즉, 남성끼리만 교제하는 것을 의미.

개념을 떠올리는 것도 좋을 것이다. 호모포비아[62]와 여성혐오Misogyny에 입각한 남성 간의 연대. 남성에게 있어서 이러한 욕망의 폐쇄 형태가 얼마나 마음을 편안하게 하는가! 여기에는 누구라도 이성애자로서 욕망의 주체임을 주장하며 사랑의 대상에 대한 '소유'를 시도할 수 있다.

한편 여성에게 있어서 '체면의 상실' 혹은 '입장의 상실'이라고 하는 두려움은 그렇게 절실한 문제가 아니다. 여성이 무언가를 욕망할 때는 스스로의 주체의 입장 따위는 어찌되는 상관없기 때문이다. 오직 대상에게 몰두하여 빨려들어갈 뿐이다. '입장 혹은 체면'과 같은 관념적인 요소가 없는 편이 그 쾌락을 훨씬 배가시킨다. 따라서 그녀들은 정의되는 것을 매우 싫어한다. 오타쿠론과 비교해볼 때 후조시론이 드물고, 또한 그러한 책이 당사자로부터 비판되기 쉬운 경향에 있는 것은 이 때문일 것이다. 또한 그녀들은 캐릭터의 커플 등의 '망상'에 관해서는 몇 시간이고 떠들 수 있지만 정통적인 작품분석이나 자기분석을 하는 경우는 거의 없다. 작품은 어디까지나 망상의 소재일 뿐, 분석의 소재가 아니기 때문이다.

물론, 여기에서 말하는 차이는 절대적인 것이 아니다. 입장(체면)을 잊고 몰두할 수 있는 남성이나 입장(체면)에 집착하는 여성도 있을 것이다. 어디까지나 전체적인 경향으로서의 이야기이다.

덧붙이자면 저자는 이 '입장(체면)'의 문제를 종종 롤러코스터

---

[62] 호모포비아homophobia: 동성애 혹은 동성애자에 대한 무조건적인 혐오와 그로 인한 차별을 일컫는 말로 동성애혐오증이라고도 한다. 반대로 동성애 관계를 무조건적으로 낭만화시키는 것도 호모포비아로 분류할 수 있다.

에 비교한다. 저자를 비롯해서 롤러코스터를 싫어하는 남성이 상당히 많은데 반해, 여성은 대체적으로 롤러코스터를 정말 좋아한다. 이러한 이유는 무엇일까?

생리적인 차이라고 설명하는 사람도 있지만 어느 정도 심리적인 면에 있다고 저자는 생각한다. 말하자면 남성은 발 밑이 무너져 내리는 감각을 견딜 수 없지만 여성은 그 감각을 스릴로서 즐긴다. 이와 같은 차이를 '입장(체면)'의 문제와 결부시키는 것은 다소 비약일까? 후죠시의 이야기로 돌아가자면, 체면에 상관하지 않는 것은 남성보다는 여성이 훨씬 자유롭게 작품에 몰두할 수 있다는 것을 의미한다.

일반적으로 야오이 작품에는 여성 캐릭터가 전혀 등장하지 않는다. 생각해 보면 이것은 기묘하기 짝이 없다. 남성 오타쿠는 작품에 감정이입을 할 때 작품에 등장하는 남성 캐릭터와 자신을 동일시화 한다. 즉, 그 캐릭터가 작품 안에서의 그들의 '입장(혹은 체면)'이 된다.

마찬가지로 생각하면 야오이의 독자에게 있어서 여성 캐릭터가 등장하지 않는 것은 작품에 몰두하기 위한 포지션이 존재하지 않는다는 것인데, 포지션 없이 과연 '모에'가 가능한 것일까?

그러나 걱정할 필요는 없다. 야오이 작품의 작가, 독자 모두 호모섹슈얼의 성행위의 남자 역할(우위에 있는 쪽 혹은 덮치는 쪽)과 여자 역할(열세에 있는 쪽 혹은 받아내는 쪽) 중 어느 쪽에도 쉽게 자신을 동일화시킬 수 있기 때문이다. 게다가 사랑에 어떠한 입장도 필요치 않는 것이 여성의 강점이라고 말할 수 있을 것이다. 이러한 남녀의 '입장'에 대한 태도의 차이는 정신분석을 통해 설명할 수 있다. 라캉의 말을 빌리자면, 남성의 향락 즉 '주체의 입장'을 정립한 후의 향략은 '팰러스적인 향락'이라고 불리운다. 이에 반해 여성과 같은 '주체의 입장'을 완전히 말소시킨 후에 얻는 향략을 '타자의 향락'이라고 부른다. 제약이 많은 팰러스적인 향락과 달리 타자의 향락은 그 쾌락의 정도가 더 크다고 한다. 분명히 하나의 작품에 대한 애정을 비교한다면 단연 남성 오타쿠보다 후죠시가 압도적으로 크다고 생각된다.

'커플링coupling'의 수수께끼

앞서 언급한 바와 같이 에노모토擾本씨의 '후죠시'의 욕망을 '위상모에位相萌え'라고 했다. 위상位相이라 함은 위상차位相差, 즉 신분이나 경우의 '격차'를 가리킨다. 아니 단순한 격차라고 하기엔 부족하다. '후죠시'의 기호嗜好에 있어서 결정적인 것은 '남자역할×여자역할'[63]를 통해 구성되는 커플링coupling이란 개념인데, 이 커플링을 효과적으로 만들어내기 위해 위상차가 이용된다.

그렇다면, 왜 야오이 작품에는 항상 남성간의 동성애가 묘사되지 않으면 안되는 걸까? 단순한 위상차라면 여성간, 혹은 남녀관계를 통해서도 상관없을 텐데 말이다.

이것에 대한 해답은 매우 간단하다. 남성만이 '남자 역할'과

---

[63] 남자역할×여자역할: 야오이 작품에서 캐릭터의 포지션을 나타내는 말로, 남자역할은 위치가 우위에 있어 덮치는 쪽을 의미하며, 여자역할은 위치가 열세에 있으며 받아내는 쪽을 의미한다. 간단하게 공수攻守 혹은 일본어로 세메攻/우케受라고도 한다.

'여자 역할'을 동시에 수행할 수 있는 확실한 신체적 호환성을 갖고 있기 때문이다. 단적으로 말하면 페니스와 애널을 동시에 갖고 있기 때문이다. 여성간 혹은 남녀간의 성행위의 경우, 성기의 구조상 상호성이 애매하게 되어버린다. 게다가 남성쪽이 보다 균질하고 단순한 성욕의 형식을 갖고 있다는 이미지가 일반적이기 때문에 남성 쪽이 관계에 관한 조작을 시도하기 쉽게된다. 야오이의 세계에서 여성이 배제되기 쉬운 것은 '여성'이라는 매개체가 허구세계의 균질성에 강한 위화감을 부여하기 때문이다. 이에 대해 그녀들은 "너무 적나라하니까"라고 표현한다. 즉, 여성 캐릭터의 존재는 허구세계의 허구자체에 혼란을 야기한다. 그래서는 안심하고 작품 세계에 몰두할 수 없게 되는 것이다.

'후죠시'의 욕망을 놀리는 말에, "밥공기 두 개만 있으면 얼마든지 우려먹을 수 있다."는 표현이 있다. 예를 들어 밥공기라도 대소차이나 우열차가 있거나 하는 등 다소간의 특징의 차이가 있으면 후죠시는 그것을 빌미로 얼마든지 성적관계에 대한 망상을 할 수 있다는 말이다. 농담같이 들리지만 여기에는 무시할 수 없는 진리가 들어있다. '후죠시'의 욕망의 형식은 '위상차'와 '남자 역할×여자 역할'의 커플링으로 구성되어 있는 것이다.

그렇다면 여기에서 또 하나의 의문이 든다. 야오이가 동성애가 되어야만 하는 필연성은 이해했다고 치자. 그렇다면 왜 '남자 역할'과 '여자 역할' 즉, '덮치는 쪽'과 '받아내는 쪽'의 커플링만이 중시되는 것일까? 물론 '적극적인 여자 역할'이나 '엉성한 남자 역할'이라는 변형이 있기는 하지만 현실의 인간관계에는 보다 다양한 관계가 존재하기 마련이다. 어째서 야오이에는 '남자 역할×여자 역할' 혹은 '공攻×수受'라고 하는 2원론만이 존재하는 것일까?

이는 너무나도 당연한 의문이라고 생각되는데 이에 대한 가장 간단한 대답은 '그러는 편이 흥분되니까'일 것이다. 너무나도 노골적인 대답이기는 하지만 정신분석은 그와 같은 흥분이 어디로부터 오는가를 알려준다.

프로이트에 따르면 관계성의 가장 기본적인 형태는 S-M이라는 형태이다. 미리 말해두지만, 이것이 오직 성적 관계만을 의미하지 않는다. 즉, 모든 인간관계가 S-M의 형태를 가지고 있다는 것을 의미한다. 심지어 프로이트는 사디즘sadism과 마조히즘masochism이라는 관계만이 무의식에 존재하는 유일한 관계성이라고 논하고 있다. 더욱이 관계성에 관해서는 다음과 같은 기술도 존재한다.

> 사디즘과 마조히즘의 근저에 자리잡고 있는 능동성과 수동성의 대립은, 성생활의 보편적인 성격에 속하기 때문에, 성목표性目標의 도착 중에서 특수한 경우에 속한다.(프로이트)

다시 말하면, SM은 성관계의 기본이므로 이를 변태취급을 하는 것은 곤란하다는 말이다. 즉 '남자 역할×여자역할'이라는 관계성은 SM과 매우 친화성이 높다. 이는 정신분석적으로 보아도 관계성의 에로스의 기본 중의 기본이다. 따라서 저자는 미움 받을 것을 각오하고 말하지만 '후죠시는 모두 프로이트주의자'라고 생각한다.

관계성에 대한 열의는 작품에 대한 자세 차이에도 분명히 나타난다. 예를 들어 남성 오타쿠는 작품론적인 해석을 둘러싸고 대립하는 경우가 많으나 이는 기본적으로 그렇게 격렬한 대립으로 악화되지는 않는다. 자신과 다른 주장에 대한 관용도가 높기 때문이다. 그러나 후죠시는 작품 중의 캐릭터의 커플링에 이상하리만큼 집착한다. 즉, 두 캐릭터 모두가 남자 역할이거나 여자 역할이라는 해석에 관해서는 종종 날카롭게 대립하고 때로는 격렬한 싸움을 벌인다.

이와 같은 관계성을 향한 그녀들의 열정에 다소 놀랄 수밖에 없다. 그러나 후죠시의 향락을 '타자의 향락', 즉 관계성의 향락이라고 본다면 이는 당연한 결과일 것이다. 저자는 이러한 관계성의 실체에 관해서, 다른 저서에서 보다 자세하게 검토했다(『문학은 관계라는 화학化學작용』 신쵸사新潮社, 2009년). 야오이론을 원용한 문예평론으로는 처음으로 시도된 것이라고 자부하고 있다. 관심이 있는 있는 독자라면 이 책도 함께 읽어보기를 권한다.

어쩌면 여성에게 있어서 젠더와 에로스는 그다지 견고하게 연결되어 있지 않은 것일지도 모른다. 굳이 말하자면, 젠더 이전의 보다 순수한 관계성의 에로스로서 그녀들이 발견한 것이 바로 '남자 역할×여자 역할'이라는 형태일지도 모른다.

그러고 보면, 영화평론가인 요시다 마유미吉田真由美는 쇼카쿠칸 문고小学館文庫에서 출간된 『BANANA FISH』 제10권의 해설에서 "연애관계는 '동성간'에서만 성립할 수 있다."고 말하고 있다. 혹은 이 말과 아울러, 하시모토 오사무橋本治씨의 명언 "우정은 섹스 없는 연애와 같다."는 말을 곁들여보는 것도 나쁘지 않을 듯 싶다.

후죠시의 망상이 개척한 섹슈얼리티의 미래는 결코 이단異端도 아니며, 전위前衛는 더더욱 아니다. 오히려 그녀들은 섹슈얼리티의 근원을 목표로 끊임없이 무언가를 개척하며 거슬러 올라가는 것처럼도 보인다. 그 근원에 있는 것은 '오타쿠의 본질'이 아니라 인간의, 그리고 젠더의 본질이다. 적어도 저자는 그렇게 확신하고 있다.

제6장

남과 여의 '사랑의 형태'

성애에서 무엇을 추구하는가

최근 듣고 감탄한 말 중에 "(추억이라는 파일을) 남자의 경우 폴더를 나누어 저장하지만 여자는 기존의 추억 위에 덮어쓴다."[64]는 표현이 있다. 아티스트인 히토토 요우—青窈가 TV에서 한 말이다. 이 말은 남녀의 연애관의 차이에 관한 것으로 이와 비슷한 격언에는 다음과 같은 말들이 있다.

> 남성에게 있어서 사랑은 생활의 일부지만, 여성에게 있어서 사랑은 그 전부이다. (바이런)

> 여자는 가령 100명의 남자에게 속을지라도 101명째의 남자를 사랑할 것이다. (킨켈)

다소 아전인수격일지도 모르겠지만, 이 말들은 저자가 주장하

---

[64] 이와 비슷한 표현으로, 사람의 마음을 방에 견주어 표현한 다음과 같은 말이 있다.
'남자와 여자의 마음의 방은 구조가 틀리다. 남자의 마음의 방에는 여러 개의 방이 있으며, 방마다 여자들이 한 명씩 들어 있다. 다만, 지금 현재의 연인 혹은 사랑하는 사람이 가장 큰 방을 쓰고 있을 뿐이다. 하지만, 여자의 방에는 오직 하나의 방이 있어서 오직 한 남자밖에 자리잡을 수 없다.'

고 있는 남성의 소유원리와 여성의 관계원리를 제대로 표현하고 있다.

지금까지 몇 번이고 말해왔던 바와 같이, 여성이 성애관계를 '관계'의 원리로만 인식하는 것과 마찬가지로, 남성은 그것을 '소유'의 원리로만 인식한다. 남녀에 있어서 성애에 관한 엇갈림은 이러한 원리적인 엇갈림만으로도 거의 설명이 가능하다.

남성은 연애관계의 추억을 '다른 폴더'에 저장하여 언제까지나 소유할 수 있다. 그렇기 때문에 동시에 복수의 이성과 교제하는 것이 가능한 것이다. 물론 현재의 연인에게 가장 큰 폴더가 할당된다. 복수의 연인이 있는 경우 그 사랑의 순서에 따라 폴더의 크기가 달라진다. 여성은 놀랄지도 모르겠지만 과거 연인의 폴더도 크기가 작을 뿐 여전히 마음 한구석에 계속 남아 있다.

3장에서 언급한 바와 같이 남성의 바람기는 단순하게 소유물을 늘리고자 하는 데에서 출발하기 때문에 이에 대해 어느 정도 이상의 죄책감을 요구하는 것은 어렵다. 옛날만큼은 공공연하지는 않지만 아직도 '바람피우는 것도 남성의 능력'이라는 발상이 사회 전반에 뿌리깊게 남아 있다. 따라서 그와 같은 '전리품'에 대해 넌지시 자랑하는 남성이 적지않은 것이다. 남성이 성애관계를 소유한다고 하는 것은 바로 이러한 것이다. 헤어질 때 남성이 훨씬 미련에 연연해 하는 것은 그 추억의 폴더를 여간해서는 버리기 쉽지 않기 때문이기도 하다.

한편 여성은 현재의 관계야말로 그녀의 전부이다. 여성에게 있어 성관계는 실로 모든 감정이 실린 그릇과도 같다. 따라서 '한 번에 한 사람'이 원칙이다. 새로운 연인이 생길 때마다 과거의 남자는 삭제되고 새로운 관계가 '덮어씌워'진다. 연인 폴더에는 한 사람분의 용량 밖에 없기 때문이다.

저자가 '덮어쓰기'라는 말에 감탄한 것은 거기에 '반복'의 요소가 포함되어 있기 때문이다. 여성의 성애관계에는 100%의 갱신은 없다. 새로운 관계에 있어서도 어딘가 예전의 관계의 여운이 남아 있는 것은 드문 일이 아니다. 특정 스타일의 남자만 좋아하게 되는 여성의 경우가 바로 그것이다.

그렇기 때문에 여성은 남성처럼 '동시에 다수의 이성과 만나는 것'이 어려운 것이다. 기혼여성에게 있어서 바람을 피운다는 것은 사실상 결혼생활의 심리적인 종결과도 같다. 물론 복수의 남성과 동시에 사귈 수 있는 여성도 있기는 하다. 그러나 그와 같은 경우는 어떤 특별한 사정으로 인해 성애관계가 남성화된 것이라고 저자는 생각한다. 그렇지 않다면 여성의 그와 같은 행위는 일종의 자포자기나 자학 행위처럼 생각된다.

독자들은 이와 같은 의견에 대해 불공평하다고 생각하는가? 아니면 '그럴리가 없다'고 위화감을 느끼는가?

이러한 젠더의 격차는 '세상'의 가치관에 견고하게 뿌리를 내리고 있다. 적어도 '세상' 남성의 성편력은 '남자다움'의 증표처럼 긍정적으로, 때로는 일종의 훈장처럼 평가되기도 한다. '플레이 보이', '여자복이 많은 사람', '호색가' 등의 말은 굳이 어느 쪽이냐 하면 긍정적인 평가 쪽에 가까울 것이다. 물론 '난봉꾼', '여자관계가 난잡하다' 등의 비판적인 표현도 있지만, 그와 같은 비판 조차도 비난 일색의 뉘앙스를 띠고 있다고는 보기 어렵다.

그러나 성편력이 많은 여자에 대해서는 세상은 아직까지 깜짝 놀랄 만큼 엄격한 잣대를 들이댄다. 이렇게 여성을 모욕하는 어휘들은 남성과 비교해 볼때 압도적으로 많다. '헤픈 여자', '암캐', '매춘부' 등등 여기에 일일이 나열하는 것조차 꺼려질 만큼 어둡고 비참한 표현은 얼마든지 않다. 즉 여성에게 있어서 '연애경험이 풍부하다'라는 것이 훈장이 될 수 있는 것은 여배우나 예술가 등과 같은 특수한 입장에만 한정된 이야기이다.

그렇기 때문에 '남성의 바람'은 쓴웃음 한 번에 용인될지라도 '여성의 바람'은 빈축을 사거나 중상모략의 대상이 되기 십상이다. 이 세상의 아버지들이 젊은 날 '울렸던 여성의 수(즉 소유의 양量)'를 참회하거나, 어머니들이 단 한 번의 '대연애(관계의 질質)'에 대한 경험을 이야기하는 것은 이와 같은 까닭에서 기인한다.

여기서는 세상이라는 표현을 사용했지만 아마도 이러한 가치관은 문화를 초월해서 널리 공유되고 있을 것이다. 이와 같이 성애를 둘러싼 가치규범도 역시 '남성의 소유원리'와 '여성의 관계원리'를 전제하고 있다. 여기에서는 '젠더'와 '성애의 가치규범'이 상보적인 순환적 관계에 있다. 과장할 것도 없이, 남과 여의 성애관의 차이에는 젠더가 사회적으로 구축되어가는 모습이 확실하게 각인되어 있는 것이다. 물론 그런 성의식은 이제 낡아빠지지 않았어? 라고 말하고 싶은 독자들의 마음을 모르는 바는 아니다. 만일 당신이 아직 젊고 활발한 성생활을 영위하고 있다면, 그렇게 느끼는 것도 무리가 아니다. 현실의 성생활은 너무나도 다양하기 때문에 오히려 젠더 차이가 쉽게 눈에 띄지 않는다. 그러나 이제부터 당신이 더 성숙하게 되거나 혹은 나이가 들어감에 따라, 젠더에 존재하는 성의식의 차이에 놀라게 되는 것도 시간 문제일 것이다.

남녀관계의 궁극적인 '성행위'는 사실 소유원리(=남성의 원리)이다. 이것은 여성에게는 성욕이 없다는 등의 이야기를 하고자 함이 아니다. 물론 여성에게도 성욕은 있다. 단지 여성의 욕망은 반드시 성교(=소유)를 목적으로 하지 않으며 정형화되어 있지 않다. 즉 기본적으로 관계원리인 것이다. 소유욕은 단순하고 알기 쉽지만 관계욕망은 다양하며 복잡하다. 따라서 여성이 적극적으로 성교 자체를 원한다고 한다면 이는 자녀가 갖고 싶다거나 남성의 성욕(팰러스)이 이전된 경우에 한정된다.

소유는 확실한 소유의 각인, 즉 성교의 실현을 너무나도 갈구한다. 남성의 성애관계는 이러한 부분에서 절정을 맞게 되는데 경우에 따라서는 거기서 끝나기도 한다. 그러나 여성의 경우는 섹스는 관계성의 시작에 불과하다. 이러한 의식의 차이가 많은 연인들에게 불행을 가져온다. 아니 연인뿐만 아니라 부부간의 문제에도 이와 같은 차이가 깊게 관련되어 있다는 것은 3장에서 언급한 바와 같다.

부부에게는 '부부생활'이 있어야 한다는 '남성원리'는 서양 쪽이 훨씬 강한데 원만한 결혼생활에 있어서 섹스는 필수불가결한 전제조건이다. 그러나 모자관계가 가족의 중심이 되기 쉬운 한국이나 일본의 경우, 결혼 후 젠더간에 욕망격차가 극명히 드러나기 쉽다. 그 결과, 남편은 가정 밖에서 소유원리를 추구하고(일, 불륜 등), 부인은 자녀와의 밀착관계를 통해 관계원리를 재현하는 꿈을 꾸게 된다. '섹스리스(섹스 없는 결혼생활)'가 유난히 일본에서 문제가 되는 데에는 이와 같은 원인이 크게 작용했다고 본다.

이와 같이 성애의 형식 하나에 있어서도 젠더간의 차이는 의외로 크다. 성애의식의 차이에 소유원리와 관계원리가 어떤 영향을 끼쳤는가에 관해서, 다른 예시를 통해서도 검토해 보도록 하자.

포르노그래피티

우선, '누드사진'에 관해서 생각해보도록 하자.

단지 누드사진이라고 말했을 뿐이지만, 거의 모든 사람들이 '여성의 나체'를 연상하게 된다. 이것은 말하자면, '여성의 누드'에 대한 수요가 남성의 누드보다 월등하게 많다는 것을 의미한다.

다른 예를 들어보자면 '누드 사진'을 찍었다는 사실만으로도 큰 소동이 일어나는 것은 거의 여배우의 경우이다. 요즘 들어 미남 스포츠 선수나 아이돌 배우가 누드 화보를 촬영하여 화제가 되기도 했지만 이는 거의 예외에 가깝다.

일찍이 페미니즘의 문맥에 따르면 남성과 여성은 어디까지나 평등하고 대칭적이어야만 한다는 강박적 신념에 미국 여성지가 한창 남성의 누드를 게재한 적이 있었다. '플레이 걸' 등의 여성지에는 지금도 남성의 누드가 특집으로 다루어지고 있다고 한다. 그러나 아이러니하게도 이 잡지의 주된 구매층으로 게이가 많은 것으로 알려져 있다. 말하자면, 일반적인 여성에게 '남성의 누드'에 대한 수요가 그다지 많지 않은 것이다. 이러한 차이는 과연 어디에서 오는 것일까?

우선 오타쿠에 관해 5장에서도 언급했던 바와 같이, 남성의 성적 욕망은 여성보다 훨씬 시각에 의존한다. 남성에게 있어서 '바라보는 것'은 곧 '시각정보를 소유하는 것'을 의미하고, 바라보는 것을 통해 이미 성행위는 시작된다. 따라서 남성에 의한 누드 사진에 대한 수요는 극히 자연스러운 것이라고 할 수 있다.

한편, 여성의 성적 욕망은 무엇보다 관계성에 의해 되살아난다. 그러나 사진의 피사체와는 어떤 관계도 맺을 수 없다. 즉, 여성적인 욕망이 단순한 감각만을 통해 자극되는 경우는 매우 드물다. 오히려 종종 듣게 되는 말은 여성도 역시 남성 누드보다는 여성의 누드를 보고싶어 한다는 경향이다. 이 사실은 라캉의 "이성애자는 …… 그 고유의 성과 관계없이 여성을 사랑하는 것을 말한다."는 지적을 연상시킨다. 이를 통해 생각할 수 있는 것은, 이성애자의 섹슈얼 환상은 젠더와 관계없이 항상 여성의 신체를 통해 표현된다는 가능성이다.

호리 아키코堀あきこ의 『욕망의 코드』(카도카와쇼텐臨川書店, 2009년)에 따르면, 여성을 대상으로 하는 순정만화의 성에 대한 묘사는 남성의 포르노 만화와 마찬가지로 주로 여성의 신체에 중점을 두고 있다. 다만, 여성의 나체가 필요한 까닭은 어디까지나 독자가 자신을 동일화할 수 있도록 하기 위함이라고 한다.

여기에서 흥미로운 점은 "남성을 대상으로 하는 포르노 만화에서는 이야기의 정점이 섹스신, 그것도 남성의 사정신이다. 하지만 순정만화의 엔딩은 끝없이 이어지는 성적쾌락에 여성이 몸을 맡기는 모습으로 묘사되는 경우가 많은데 이는 아주 독특한 차이점이다."는 지적이다. 여기에는 앞서서 저자가 지적한 성행위에 대한 남성과 여성의 인식차가 반영되어 있다고 볼 수 있다. 다시 말하면 '사정'이란 이른바 '소유의 각인'인 것이다. 한편 '끝없는 성적 쾌락'은 관계성의 유지를 의미하는 것이라고 볼 수 있다.

또 한 가지, 호리堀의 지적에서 흥미로운 점은 남성을 대상으로 한 포르노 만화에서 종종 성행위의 장면에서 남성의 신체가 투명화하거나 얼굴이나 표정이 묘사되지 않는 경향이 있다는 점이다. 이러한 묘사는 포르노 만화 뿐만 아니라, 성인 영화 등에서도 일반적이다. 주연 여배우와 대조적으로, 남자 배우는 익명으로 묘사되는 경우가 매우 많다. 얼굴이 나오는 것이 중시되는 여배우와 달리 남자 배우의 얼굴은 어찌되던 상관이 없다는 취급을 받는다(익명인 배우의 경우, 꼭 그런것도 아니지만).

독자가 자아를 동일시하기 위한 여성의 신체가 그려진, 여성을 대상으로 하는 포르노 만화와 남성을 대상으로 하는 포르노 만화는 이와 같은 점에서 크게 다르다. 남성은 성행위의 장면에서 결여된 공백의 위치를 점하게 된다. 여성이 신체의 이미지에 자신을 동일화하는 것과 달리, 남성은 여성의 신체에 대한 공백의 '위치 그 자체'에 자신을 동일화하는 것이다.

정신분석에 따르면 여성의 자아 동일화를 '상상적想像的 동일화'라고 본다면, 남성은 '상징적象徵的 동일화'라고 볼 수 있다. 이와 같은 차이점은 매우 중요한데 이에 관해서는 나중에 다시 한 번 다루기로 한다.

지금까지 포르노그래피가 여성에 대한 폭력이라는 지적은 수없이 있었다. 저자는 이 문제에 관해 어떻게 생각하는가를 말하자면, 옛날부터 그다지 포르노를 필요로 하지 않는 초식형 남자의 선구자와 같은 인간이었기 때문에 "내일부터 포르노가 전면 금지된다."고 하더라도 그렇게 곤란하지는 않을 것이다. 그러나 정치적으로는 과도한 포르노에 대한 규제에 대해서는 물론 반대한다. 표현과 욕망은 어떠한 규제로부터도 자유로워야 한다는 것이 저자의 입장이기 때문이다. '금지'할 수 있는 것은 어디까지나 '행위' 자체에 지나지 않는다.

그러나 그럼에도 불구하고 포르노 규제론자들의 발언에는 귀를 기울일 필요가 있다. 왜냐하면 뜻밖에도 여성의 섹슈얼리티에 관한 본질적인 지적을 찾을 수 있기 때문이다.

페미니즘의 입장에서의 포르노 반대론에 대해 언급하자면, 캐서린 A. 맥키넌Catharine A. MacKinnon과 안드레아 드워킨Andrea Dworkin이 먼저 떠오른다. 그녀들은 매매춘과 함께 포르노를 성차별, 즉 남성에 의한 여성의 지배구조를 만들어내는 것이라고 철저하게 비판했다. 욕망이 포르노를 만들어내는 것이 아니라, 포르노가 욕망을 만든다. 이것이 그녀들의 주장이다.

> 포르노에서 벗은 여성은 볼거리로 전락하여 노예와 같이 취급되며, 폭행당하고 유린당하는 등 마치 물건과 같이 일방적으로 지배당한다. 그 결과 남녀간의 지배와 종속이야말로 진정한 섹슈얼이라고 받아들여지게 된다. – 캐서린 A. 맥키넌, 『페미니즘의 표현과 자유』, 아카시쇼텐明石書店, 1993년.

그리고 드워킨은 다음과 같이 말했다.

> 성교는 통상, 소유의 형태 혹은 소유의 행위로서 쓰이고 이해된다. (중략) 여성에게 성기 삽입을 통해 남성은 여성에게 지배적이 된다.

그는 자신의 행위를 여자가 정복자인 자신에게 항복하는 것, 여자가 그에게 자신을 허락하는 것으로 이해한다. 남성은 성교라고 하는 여성에 대한 소유를 통해 여성을 점령하고 지배하며 여성에 대한 기본적인 우위를 표현한다. -『인터코스Intercourse 성행위의 정치학』, 세이도샤青土社, 1990년.

정말로 이와 같은 발언은 일종의 극단론이며, 여기에서는 역사적인 증언이라는 가치 이상의 것은 기대할 수 없는 것일까? 그러나 저자는 반드시 그렇다고는 생각하지 않는다. 물론 이와 같은 논의에 기초해서 포르노를 규제하자고 하는 발상에는 전혀 동의할 수 없지만 그럼에도 불구하고 그녀들의 말에는 주목할만한 진실이 담겨있다.

예를 들어 드워킨의 성교에 관한 지적은 이 책에서 저자가 주장하고 있는 내용과 상당히 가깝다. 여기에 빠진 부분은 '여성에게 있어서의 성교의 의미'지만 이에 관해서는 이미 언급했기에 생략하겠다. 그리고 맥키넌의 지적도 역시 부분적으로는 옳다고 본다. 그러나 문제가 되는 부분은 '야오이' 작품 등에서 이미 확인한 바와 같이 지배와 종속, 다시 말하면 SM이야말로 성관계에 있어서 가장 기본적인 요소라는 점이라는 것이다.

만일 남녀간에 '완전한 평등'이 실현된다면 섹슈얼리티는 고사하고 그것은 욕망의 소멸을 의미한다. 따라서 우리들은 '지배와 종속과 욕망이 있는 세계'와 '지배도 종속도 욕망도 없는 세계' 중에서 어느 쪽인가를 선택하지 않으면 안된다.

그러나 답은 이미 명확하다. 후자가 선택되는 경우는 결코 없다. '지배'와 '종속' 그리고 '욕망'이 소멸할 때 '인간'도 역시 소멸할 것이다. 이는 좋고 나쁨의 문제가 아니며 실증가능한 문제도 역시 아니다. 단지 그러할 뿐이다. 우리들은 '그러한 존재'이기 대문에, 윤리나 제도를 필요로 한다. 적어도 이 책은 이와 같은 입장을 갖고 있다.

남자는 얼굴, 여자는 목소리

성애나 포르노와 같이 다소간 무거운 화제가 계속해서 이어졌기 때문에, 여기에서는 조금은 가벼운 화제로 옮겨보자.

이성의 몸 중에서 어디에 매력을 느끼는가 하는 점에서도 남성과 여성은 상당히 다르다. 남성이 대개 가슴이나 엉덩이에 매력을 낄 것이라는 것은 손쉽게 예상할 수 있다. 한편 여성의 경우, 남성의 '팔'이나 '손가락' 혹은 '눈'에 매력을 느낀다는 의견이 많다. 이쯤 되면 독자는 이와 같은 차이를 통해 약간은 눈치를 챘을 것이다.

가슴이나 엉덩이를 좋아한다는 것은 말하자면 '페티시즘'이라고 볼 수 있다. 그뿐만 아니라, 남성의 여성의 몸에 대한 집착은 '다리 페티시즘'이나 '쇄골 페티시즘' 등 다양한 형태로 나타난다. 페티시즘이라는 말은 남성이 여성의 인격과 관계없이, 여성의 신체 자체를 욕망하는 것을 의미한다. 말하자면 '여성의 사유화'이며 '소유의 시선'에 다름없다. 그러나 이는 정치가 아닌 욕망의 문제이기 때문에 비판이나 금지로 어찌해볼 수 있는 문제가 아니다.

한편, 여성의 집착이 향하는 곳은 역시 '관계'이다. 알다시피,

팔과 손 혹은 눈의 기관은 모두 관계를 위한 기관이다. 여성은 그 팔에 인거 손가락을 동해 쓰다듬어지고, 그 눈을 통해 보여지는 자기 자신을 하나의 세트로 인식하기 때문에 이들 기관에 매력을 느끼게 되는 것이다.

그러나 '어디에서 매력을 느끼는가'에 관한 화제는 아직 끝나지 않았다. 항상 생각하고 있었던 것이지만, 이성의 어디에 매력을 느끼는가라는 점에서 남녀가 가장 명확히 구별되는 부분은 '외모'와 '목소리'가 아닐까? '남성은 눈으로 사랑을 느끼고, 여자는 귀로 사랑에 빠진다'(우르로 와이어트)는 격언이 있을 정도이니 말이다.

물론 '얼굴 중시'는 남녀 모두에게 해당되지만 스타일이나 외모에 집착하는 경향은 어디까지나 남성 쪽이 강하다고 생각한다. 그러나 그만큼 남성은 여성의 '목소리'에 관해서는 놀랄 만큼 무관심하다. 얼굴만 예쁘기만 하면 듣기 싫은 목소리조차도 뇌 안에서 멋대로 개성적인 목소리로 인식해 버린다.

한편, 여성에게 있어서 남성의 목소리에 대한 집착은 상당히 강하다. 연예인은 물론이고 학자마저도 매력적인 목소리로 인해 인기를 끄는 경우가 많다. 하지만, 여성학자가 목소리가 좋다고 해서 남성에게 인기가 있는 경우는 별로 들어본 적이 없다. 역시 남성은 아무래도 얼굴에 먼저 반응하게 되는 것이다.

다른 예를 들자면, 'BLCD'라는 용어를 들어본적이 있는가? BL, 즉 남성간의 연애드라마Boys Love를 성우聲優의 에로틱한 음성만으로 만든 CD를 가리킨다(BL+CD). BLCD에 대한 정확한 시장규모는 확실치 않으나 이것이 일본에서 약 120억 엔 정도의 규모라고 일컬어지는 후죠시 시장을 지탱하는 기둥 중 하나라는 점은 틀림이 없다. 그 중에는 남성 성우가 옛날 이야기를 관능적으로 낭독하는 '에로틱 옛날 이야기' CD도 있다고 한다.

물론 그 주된 향유 대상은 주로 후죠시인데, 저자는 후죠시의 기호 안에도 여성 일반에게 통용되는 보편성이 들어있다고 확신하기 때문에, 이러한 상품은 여성이 아니고서야 불가능하다고 할 수 있을 것이다. 남성을 대상으로 한 동일한 컨셉의 CD는 그리 많지 않다. 물론 남성도 성인용 게임의 여성 성우의 에로틱한 목소리를 즐기는 경우가 있기는 하나 이는 어디까지나 게임의 비주얼이 있고 나서야 성립할 수 있다는 점에서 차이가 있다. 여기에서도 남성은 어디까지나 시각 즉, 소유를 우선시한다는 것을 알 수 있다.

그렇다면 왜 여성은 '목소리'를 중시하는 것일까? 남성이 시각정보를 '소유한다'라고 하면, 여성도 청각정보를 '소유한다'라고 말할 수도 있지 않을까? 물론, 이와 같은 표현이 불가능한 것은 아니다. 그러나 정신분석적으로 생각해 보면, 역시 이와 같은 표현에는 오류가 있다는 것을 알 수 있다. 시각은 항상 '전체의 이미지'를 포착하려고 하기 때문에 소유욕으로 연결되기 쉬운 성질을 갖고 있다. 그러나 청각은 항상 '전체의 이미지'로부터 벗어나고자 하는 경향을 갖고 있기 때문에 결코 소유욕을 만족시켜주지 못한다. 이것은 무시할 수 없는 중대한 차이다.

다시 말하면 시각의 이미지를 소유할 경우, 주체는 항상 이미지를 위에서 내려다보는 것과 같은 위치에 자리한다. 소유자이기 때문에 이는 당연하다. 그러나 소유할 수 없는 청각 이미지에 몸을 맡기는 경우, 종종 주체는 '목소리'에 의해 지배당하게 된다.

즉, '목소리'라는 별도의 주체에게 자신의 몸을 내어주는 것이 되는 것이다. 시각 이미지는 거리감을 부여하지만, 청각 이미지는 이러한 관계성을 통해 독특한 친밀감을 부여한다.

예를 들어, 자주 언급되는 말 중에서 라디오는 사람들을 선동하는 힘이 있지만, TV는 오히려 지도자의 거짓을 폭로해 버리는 경향이 있다는 구절이 있다. 이와 같은 차이에도 청각 이미지가 갖고 있는 독특한 작용이 반영되어 있는 것은 아닐까?

저자는 이와 같은 논의에 대해 어디까지나 진지한 태도를 견지하고 있다. 하지만, 이와 같은 논의를 실제로 명확하게 입증할 방법이 없기 때문에 아무리 해도 납득할 수 없다는 사람까지 억지로 설득할 생각은 없다. 물론 직관적으로 이해하는 독자도 있으리라 생각하지만, 만일 그렇지 않다면 정신분석 입장은 이와 같은 사고방식을 갖고 있구나라는 정도로 이해해 준다면 더할 나위가 없겠다.

남자 소파

저자는 일찍이 어느 유명한 정신과 의사로부터 '남자 소파'라는 말을 들은 적이 있다. 이분의 명예를 위해서라도 이름을 밝히지 않는 것으로 하겠으나, 이 남자 소파라는 말은 그녀가 만들어낸 말인 듯하다. 그렇다면 이 남자 소파라는 것은 무엇일까?

일에 지쳐 피곤한 몸을 이끌고 집에 돌아온 독신여성을 다정하게 안고 다독여주는 멋진 가구. 그것이 바로 '남자 소파'인 것이다.

단, 소파의 재질은 잘생긴 젊은 남성이다. 결코 중년 이상의 아저씨가 아니다.

이 말에서 저자가 금새 연상한 것은 '꽃보다 남자', '메이짱의 집사'[65] 등과 같은 요 근래 몇 년간 히트한 드라마 혹은 영화였다. 이들은 거의 만화가 원작이지만 무엇보다 이러한 작품들을 연상하게 되는 데에는 드라마나 영화의 포스터가 서로 상당히 유사하기 때문이다. 포스터에는 하나같이 한 명의 여배우를 중심에 세우고 주위에는 복수 혹은 무수한 잘생긴 젊은 남성들을 배치하는 컨셉을 내세우고 있다. 물론, 각각의 스토리는 다르지만 시청자에게 어필하는 방법이 매우 유사하기 때문에 이와 같은 컨셉에 보편적인 무언가가 있다는 증거가 된다고 생각하게 된다.

그러던 중 저자의 아내가 최근 '일 디보Il Divo'라는 팝페라 밴드에 빠져있다는 것이 떠올랐다. '일 디보'는 영국에서 데뷔한 미중년美中年 남성 4인으로 구성된 보컬 그룹이다. 오디션 프로그램의 심사위원으로 유명한 프로듀서가 3대 테너의 인기에서 힌트를 얻어 결성한 팀이라고 한다. 오페라 창법인 클래식부터 팝에 이르기까지 다양한 장르의 음악을 노래한다. 데뷔 이래 전세계적으로 인기를 얻어 2006년에는 FIFA 독일 월드컵의 테마송을 부르기도 했다. 벨 칸토[66] 창법으로 팝을 부르는 그룹이라는 틈새를 노린

---

[65] 메이짱의 집사メイちゃんの執事: 미야기 리코宮城理子의 순정만화 작품으로 잡지『마가렛マーガレット』(슈에이샤集英社)에 2006년부터 연재중. 2010년 5월 현재, 단행본은 12권까지 간행되었다. 그리고 2009년 1월부터 후지TV에서 드라마화되어 방영되었다.

[66] 벨 칸토bel canto: 이탈리아에서 17 · 18세기에 확립된, 매끄럽고 아름답게 부르는 가창법을 가리키는 음악용어. 오페라 등에 흔히 쓰임. 사전적인 의미는 아름다운 노래.

아이디어로 큰 성공을 거두었다.

　아내는 '남자 소파'라는 말을 듣자마자 "맞아, 딱 그런 느낌이야!"라고 했다. 아무래도 '일 디보'를 듣는 즐거움은 단순히 멋진 음악을 듣는 것 이상으로, 다수의 멋진 남성에게 서비스를 받는 듯한 쾌락도 크게 작용한 듯 하다. 하지만, 저자는 이러한 욕망은 남성에게는 별로 없다고 생각한다. 물론, 하렘Harem에 대한 환상은 있을지도 모른다. 많은 여성으로부터 떠받들어지고 싶어하는 환상은 본래 남성의 것일지도 모른다. 그러나 "다수의 이성에게 둘러싸여 보고 싶다."라는 욕망의 실체에 관해서도 남성과 여성은 큰 차이를 보인다. 예를 들어 남성 아이돌(일본의 쟈니즈,[67] 한국의 경우 동방신기, 빅뱅 등)과 여성 아이돌(일본의 AKB48, 모닝 무스메 등. 한국의 소녀시대, 카라 등)의 인기는 본질적으로 다르다.

　'남자 소파'라는 말을 듣고 저자가 연상한 것은 마릴린 몬로가 주연한 영화 〈신사는 금발을 좋아해〉의 뮤지컬 장면이었다. 혹은 그 패러디인 마돈나의 〈Matrial girl〉의 뮤직비디오라도 좋다. 모두 한 사람의 금발 미녀가 그녀에게 구애하고자 하는 다수의 턱시도의 남성들을 멋지게 흘려넘기며 능수능란하게 춤을 춘다. 참고로 〈Matrial girl〉에는 다수의 남성들의 팔 위에 마돈나가 눕는 장면이 나오는데 이것은 말 그대로 '남자 소파'를 재현한 신scean이라고 볼 수 있다. 그러나 이와 같은 장면에서 남녀를 서로 바꾸어 남성이

---

[67] 쟈니즈ジャニーズ: 일본의 연예 기획사 쟈니즈사무소ジャニーズ事務所 소속의 남성 아이돌의 통칭. SMAP, 아라시 등 유명 아이돌 그룹을 다수 배출한 일본 굴지의 거대 연예 기획사. 초기에는 여성 연예인도 소속되어 있었으나 그다지 인기를 얻지 못한 결과, 현재에는 여성 아이돌이 한 명도 존재하지 않음. 따라서 쟈니즈라는 말은 잘생긴 남성 아이돌을 가리키는 대명사처럼 쓰이기도 한다.

여러 명의 여성에게 둘러싸여 구애를 받는 상황은 현실성이 떨어지기 때문에 다소 상상하기 어렵다. 물론 이것은 여성의 팔에 완력이 없다 따위의 문제 때문에 그러한 것은 아니다.

그렇다면 이와 같은 차이는 과연 어디에서 올까?

지금까지의 논의를 충실히 읽어온 독자라면 필연적으로 의문을 가질지 모르겠다. 만일 남성이 소유원리로 움직인다면 많은 여성을 소유할 수 있는 하렘 상태야말로 궁극의 이상향이 아닌가 라고.

여기에서도 분명히 젠더의 비대칭성이라는 문제를 엿볼 수 있다. 그러나 여기에서 적어도 남녀 역할을 역전시키는 쾌락이라는 페미니즘적 해석은 해당사항이 없다. 오히려 '남자 소파'와 페미니즘은 서로 섞일 수 없는 요소를 품고 있다. 아마도 이 비대칭은 남녀의 욕망의 근본적인 차이와 얽혀있다. 욕망의 중심에 자리하고 있는 주체의 본질이 180도 다른 것이다.

'하렘'과 '남자 소파'를 하나의 '표현'으로 생각해 보자. 본래의 의미로 '하렘'의 중심에 있는 남성은 '마초인 욕망의 주체'라고 하는 역할을 완벽하게 연기하지 않으면 안된다. 단 한 명의 이성만을 소중하게 하는 '연약한 주체'는 허용되지 않는다. 다수의 여성을 소유하고, 차례차례로 상대를 바꿀 수 있는 강한 정력을 소유한 주체. 이것이 남성의 은밀한 동경일지도 모르겠지만, 일단 그와 같은 주체가 이미지화되어 표현되면, 거기에 자아를 동일화 시키는 것은 매우 어려운 일이 된다.

앞서 포르노에 관한 항목에서 알아본 바와 같이 성의 주체로서의 남성의 위치는, 대상의 특정 위치가 결여 혹은 공백인 경우 그곳에 자아를 동일화 시키기 쉽다. 사실 이것이 픽션일반화의 법칙이기도 하다.

설마라고 생각할지도 모르겠지만 노벨상 문학상 후보인 무라카미 하루키村上春樹의 작품군을 들여다보면 이해가 갈 것이다. 주인공인 남성은 거의 예외없이 성에 관해서는 수동적인 입장을 취하고 있다. 예를 들어 그들이 담담하게 파스타를 삶거나 맥주를 마시며 가만이 있기만 해도 어느샌가 매력적인 여성이 차례차례 접근해와서는 너무나도 자연스럽게 성관계가 성립된다. 연애에 대한 밀고 당기기 따위는 거의 찾아볼 수 없다.

이렇게 모든 일이 척척 풀리는 것이 가당키나 하냐고 하루키를 비판하는 비평가도 있다고 하지만, 그런 비평가는 아마추어도 그런 아마추어가 없다고 생각한다. '이야기'라고 하는 것, 허구라고 하는 것은 즉, '그러한 것'이다.

하루키 작품의 주인공은 욕망의 주체로서는 마치 공허한 존재이다.

어째서?

답은 오직 하나, '그 편이 남성 독자가 자아를 동일시하기 쉽다'라는 까닭에 기인한다. 작품 중, 욕망의 주체의 자리는 항상 공석이다. 따라서 남성 독자는 자연스럽게 그 공석을 점유할 수 있다. 즉, '동일화'하고 소유하는 것이 가능해진다.

하지만 만화나 애니메이션에는 하렘을 소재로 한 작품이 있지 않은가? 라고 지적할 수도 있겠다. 그렇다. 〈오 나의 여신님〉, 〈천지무용〉, 〈마법선생 네기마!〉 등등, 이와 같은 설정은 매우 흔하기 때문에, 하나의 장르를 형성하고 있다고 해도 과언이 아니다.

그러나 여기에서 잘 고려해 주었으면 하는 점은, 이들 이야기의 중심이 되는 인물은 성에 대해서 평범하고 소극적인 남성 주인공이라는 부분이다. 하지만, 〈시끌별 녀석들〉(혹은 우루세이야츠라=うる星やつら)의 주인공인 모로보시 아타루諸星あたる는 성性에 적극적이라고 반문할지도 모르겠지만, 그는 정작 작품 중에서 가장 매력적인 여주인공인 라무ラム에 대해서는 소극적인 태도를 취하고 있음을 알 수 있다. 따라서 이 작품에는 당연하지만 성애에 관한 묘사는 하나도 존재하지 않는다. 그렇기 때문에 남성이 그 포지션에 자아를 동일화시켜, 가능했을지도 모를 성性의 향연을 몽상할 수 있었던 것이다.

한편, 여성은 남성과 같은 픽션은 읽지 않는다. 그녀들은 남성보다도 훨씬 동일화 능력이 뛰어나기 때문에 여주인공이 적극적으로든 소극적으로 묘사되든 간에 자유롭게 그 입장에 감정을 이입할 수 있다. 굳이 대비하여 말하자면 주인공의 자리를 '소유'하지 않고서는 견디지 못하는 남성과 달리, 여성은 그 자리와 자유롭게 '관계'하는 것이 가능하다. 그렇기 때문에 묘사만 제대로 되어 있다면, 여성은 능동과 수동을 가리지 않는 것이다.

그렇다고는 하지만 능동적인 주체, 예를 들어 많은 만화나 애니메이션에서 그려진 '전투 미소녀'나 안노 모요코安野モヨコ의 작품 등에 등장하는 공격적인 여성에게 감정을 이입하는 것은 그 나름대로의 에너지를 필요로 한다. 일이나 스트레스에 지친 여성은 종종 관계성을 극단적인 수동태에 몸을 맡기고 위로받고 싶다고 생각하게 된다. 오직 능동적인 태도만이 가능한 소유욕과 달리, 관계욕은 수동성과도 연결되기 쉽다.

'남자 소파'에 파묻힌 여성은 다수의 아름다운 남성으로부터 서비스를 받고, 욕망의 주체로서 스스로 그 주체의 위치에서 내려오는 것이 가능하다. 자기자신을 비우고 아름다운 남성들의 품에 텅빈 신체를 맡기는 것이다.

　남성의 동일화는 신체 그 자체가 '투명화' 즉, 결여됨으로서 성립하지만, 여성의 동일화를 위해서는 '신체'를 필요로 한다. 아마도 이 점이 가장 큰 차이점이라고 할 수 있겠다. '남자 소파'라고 묘사되는 것은 오직 욕망의 시선을 모을 뿐인 텅빈 여성의 신체인 것이다. 이것이야말로 궁극의 수동태이다. 아마도 여기에는 남성은 알 수 없는 여성만의 도원경이 펼쳐져 있음이 틀림없다.

마지막 장

'젠더'의 정신분석

태초에 '거세去勢'가 있었다

지금까지의 논의를 통해 저자가 주장하고자 하는, 남성의 소유원리와 여성의 관계원리라는 욕망의 2대원칙에 관해서 어느 정도 이해했으리라 생각한다. 물론 아직 납득하지 못하는 독자도 있겠지만, 적어도 저자가 어떠한 경위를 통해 이와 같이 생각하게 됐는가에 관해서는 이해할 수 있으리라 생각한다. 드디어 결론을 내야 하는 이 장에서는 우선 젠더의 성립부터 설명하고자 한다. 그리고 이어서 젠더가 어떻게 '욕망의 2대원칙'에 이르게 됐는가를 검토해볼 것이다.

젠더에 관해서 저자는 항상 '정신분석'의 입장에서 생각한다. 왜냐하면 '성性'만큼 보편적이고 고유한 것은 달리 없기 때문이다. 누구나가 성별을 갖고 있으며, 각각의 성생활을 갖고 있다. 그러나 이처럼 많은 것들이 '개방적'이 된 현대에 이르러서도 '성의 비밀'은 특별한 의미를 갖고 있다. 개인의 성생활이라는 것은 프라이버시의 문제이기도 하지만, 공공의 문제이기도 하다.

정신분석은 그 어떤 수단보다도 프라이버시의 문제에 접근하기 위한 보편적인 수단이며 그런 의미에서 이보다 더 효과적인 '발명'은 없을 것이다. 종종 사람들은 정신분석이 문제를 오직 이론만으로 환원시켜 해결하고자 한다고 오해하는 경향이 있으나 이는 실제와 다르다. 정신분석은 오히려 문제를 자세히 분석하기 위한 현미경 같은 도구라고 할 수 있다.

정신분석의 창시자인 지그문트 프로이트의 이론은 무엇이든지 간에 섹스와 연관시키고자 하는 범성설汎性說과 같다고 야유받았다. 물론 이것은 오해이지만, 정신분석에 있어서 그리고 인간이라는 존재에게 있어서 '성'이 근원적인 의미를 갖고 있다는 점은 부인할 수 없다.

여기에서는 젠더의 성립에 관해 정신분석은 어떻게 분석하고 있는가에 관해서 먼저 알아보고자 하는데, 우선 기본적인 '거세'의 과정이 무엇인지 알아보자.

2장에서 알아본 바와 같이 생물로서 인간은 기본적으로 '암컷' 즉, 여성이다. 모든 태아는 우선 여성으로 만들어진다. 이것이 남성호르몬의 영향을 받아, '수컷' 즉 남성 기관이 분화되는 것이다. 그러나 정신분석의 문맥에서는 이는 반대가 된다. 인간은 우선 남성으로 태어나, 그 뒤에 여성으로서 자각을 갖게 된다고 하는 것이다. 따라서 1장의 앞부분에서 인용한 시몬 드 보부아르의 "사람은 여자로 태어나는 것이 아니라, 여자로 만들어지는 것이다."라는 말은 정신분석의 입장에서는 진리라고 할 수 있다.

정신분석에 따르면 인간이 인간으로서 형성되는 한, 페니스와 거세가 매우 중요한 의미를 갖는다. 아직 말을 하지 못하는 유아(남자)는 어머니와의 일체감 안에서 살아간다. 이러한 일체감은 자기자신과 어머니와의 구분조차 애매한 혼돈스러운 공간이다. 이 때 유아에게 있어서 유일한 이상의 대상은 어머니이며 그들의 환상 안에서 어머니는 전지전능한 존재가 된다. 모든 것을 주고 무엇이든 실현해 주는 어머니. 그러한 어머니와 함께 있는 것을 통해 아이는 그 어떤 것으로부터도 위협받지 않는 거대한 안도감을 얻게 된다. 이러한 유아에게 있어서 자신의 페니스는 매우 소중한 기관이다. 이는 다양한 쾌락의 근원이며 자신의 분신이기도 하다. 더욱이 유아는 자신과 같은 모든 인간이 페니스를 갖고 있다고 생각한다. 물론 어머니도 그러려니 생각하게 된다. 따라서 앞서 언급한 '전지전능한 어머니'는 '페니스를 가진 어머니 '팰릭 마더 phallic mother, 男根母'라고도 불린다.

그러나 유아는 얼마 안 있어 자신에게는 있는 페니스가 어머니에게는 없는 것을(목욕 등을 통해) 발견하게 된다. 그는 여기에서 자신의 페니스도 누군가에 의해 잘라내어지는 것은 아닐까 하는 강한 불안을 느끼게 된다. 이것이 '거세 콤플렉스'라고 불리는 불안이다. 이 때 유아는 처음으로 어머니가 사실은 완전하지도 전지전능하지도 않다는 것을 깨닫기 시작한다. 어머니에게는 아버지와 같은 페니스가 결여되어 있다는 것, 그리고 어머니가 아버지와 그 페니스를 욕망하고 있는 것에 아이는 큰 충격을 받게 된다. 그렇다면 충격을 받은 아이는 어떻게 될까? 아이는 우선, 어머니의 페니스가 되기를 희망한다. 즉, 아이는 자신이 페니스가 되어 어머니에게 결여되어 있는 것을 보충하고 어머니의 욕망을 받아들이고자 한다.

그러나 여기에 아버지가 개입하게 된다. 아버지는 어머니와 아이의 사이에 끼어들어 그와 같은 근친상간적인 관계를 금지시킨다. 이 때, '아버지'는 아이에게 있어서 어머니를 둘러싸고 경쟁하는 라이벌로 자리 잡게 된다. 어머니를 둘러싼 삼각관계. 어머니를 동경하며 아버지를 미워하는 감성은 그 유명한 '오이디푸스 콤플렉스'가 된다.

참고로 여기에서 말하는 '아버지'는 현실의 아버지일 수도 있으며, 보다 추상적인 '아버지적인 존재'라고 해도 상관없다. '아버지적 존재'는 사회적인 규범이나 윤리를 아이에게 강요하는데, 말하자면 법률과도 같은 존재이다. 아이가 자율적인 개인으로서 사회성을 획득해 나아가기 위해서는 이와 같은 '아버지'의 개입을 빼놓을 수 없다.

이때, '아버지'에게는 도저히 대항할 수 없다는 것을 깨달은 남자아이는 스스로가 어머니의 페니스가 되고자 하는 욕망도 포기하지 않을 수 밖에 없다. 그리고 어머니와 동일화하는 것을 그만두고 아버지와 동일화를 시도하게 된다. 즉, "아버지와 같은 페니스를 갖고 싶다."는 욕망을 갖게 되는 것이다.

이리하여 아이는 전능한 어머니라는 이미지를 버리게 된다. 어머니에게는 페니스가 없는 것을 받아들이고, 자신의 어머니의 페니스가 되고자 하는 것도 포기한다. 즉, '거세'라는 것은 '어머니의 페니스를 포기하는 것'을 의미하는 것이다. 페니스를 포기한 대신 아이는 페니스의 상징(팰러스)을 통해 그 결여를 메꾸려고 한다. 실제를 대신해서 심볼을 받아들이는 것인데 이 과정은 언어 시스템을 받아들이는 계기로 매우 중요한 의미를 갖는다.

언어는 물건의 대용으로도 사용되곤 하는데 그 최초의 대역이 팰러스인 것이다. 다시 말하면 팰러스야말로, 다양한 언어(시니피앙

significant)⁶⁸의 근원에 위치한 특권적인 상징을 갖는다. 언어는 원래부터 주체의 일부가 아니라, 아이가 처음으로 만나는 최초의 '위대한 타자'인 것이다. 학습에 의해 '언어라고 하는 타자'를 설치하게 된 주체는 스스로의 중심에 타자라는 결여를 품게 된다. 이리하여 '타자로서의 언어'는 인간의 '무의식'을 형성하고, 여기에 심어진 '결여'는 인간에게 '욕망'을 초래하게 되는 것이다. 이를 간단히 정리하자면 다음과 같다.

언어의 획득 ⋯→ 타자의 설치 ⋯→ 결여의 삽입 ⋯→ 욕망의 출현

물론 팰러스가 타자라는 것을 쉽게 이해할 수 없을 수도 있다. 그러나 페니스가 팰러스로서 상징화된 것임을 나타내는 증거는 많다. 예를 들어 꿈이나 이야기 등에는 페니스 혹은 그와 닮은 유사한 것이 종종 신체에서 분리된 형태로 출현한다. 만화 등에서는 페니스 그 자체가 캐릭터화한 경우도 있다. 이와 같이 우리들에게 있어서 팰러스는 가장 익숙한 타자인 것이다.

그렇다면 다시 한 번 거세의 과정을 떠올려보자. 남자아이는 종종 어머니에게 결여되어 있는 페니스 그 자체가 '되고 싶다'고 희망한다. 그러나 그와 같은 욕망은 '거세'되는 것을 통해 아버지와 같은 페니스를 '갖고 싶다'는 욕망으로 변화한다. 이 과정은 일종의 '성숙'이다. '되고 싶다'에서 '갖고 싶다'로의 변화. 이것이야말로 남성에 있어서의 '소유원리'의 시작인 것이다.

---

68 시니피앙significant: 언어 기호에 의해 표현되는 음향심상音響心象). 스위스의 언어 학자 소쉬르Saussure, F. de에 의하여 규정된 용어.

'성도착性倒錯'에 관해서

라캉은 페티시즘이나 동성애 등의 '성도착性倒錯'에 관해, 여기서 말하는 거세를 부인否認하는 상태라고 설명했다('성도착性倒錯'이라는 말은, 아무래도 차별적 뉘앙스나 부정적 가치판단으로 이어지기 쉽기 때문에, 이후 '섹슈얼 마이너리티'로 통일한다). 여기서 부인否認은 이미 거세가 일어나고 있다는 것을 인정하는 않는 것을 의미한다.

사실 거세의 과정 중에서 이미 '헤테로섹시즘(이성애주의)'의 주입은 시작되고 있다. 세상에는 적어도 두 개의 젠더가 존재하며 이성애주의라고 하는 상징적인 시스템 하에서 통합된다. 따라서 거세를 순순히 받아들인 인간은 필연적으로 이성애자가 된다. 그러나 받아들이지 못한 인간은 섹슈얼 마이너리티가 될 수 밖에 없다.

물론, '거세'가 곧 '정상적인 발육과정'이라고는 단언할 수 없다. 훌륭하게(?) 거세된 '건전한(?) 성범죄자'도 얼마든지 있기 때문이다. 거세를 받아들일 것인가 거부할 것인가는 사실상 가치판단과는 무관하다. 그러한 차원에서 말하는 것이지만, '거세'가 인간을 '말하는 존재'로 만든다는 전제가 흔들리지 않는 한, 이를 부인하는 존재는 문자 그대로 소수파(마이너리티)에 머무르게 되는 것은 피할 수 없다.

그런데 라캉에 따르면 '섹슈얼 마이너리티'의 사람들의 욕망은, 이후 논하게 될 '팰러스적 향략'을 향하고 있다. 예를 들어, 그들의 욕망은 기본적으로 '소유'욕에 가깝다. 신체적인 원인에 의하지 않은 마이너리티(페티시스트를 포함)들에게 남성이 많은 것은 이 때문일 것이다.

그렇다면 레즈비언 즉, 여성간의 성애는 어떨까?

이에 대한 프로이트와 라캉의 대답은 명쾌하다. 그녀들은 자신도 또한 여성을 사랑하는 능력을 갖고 있다는 것을 '아버지'에 대해 과시하고 있는 것이다. 이는 어머니를 위해 남자가 되어, 어머니의 불만을 해결해주고자 하는 시도라고도 한다. 이는 '행동화'의 일종이며, '성도착性倒錯'과는 구분된다고 한다.

이 설명은 너무나 간단명료하기 때문에 어딘가 모르게 중요한 포인트를 놓치고 있는 것은 아닌가 하는 인상을 주는 데다가, 정작 당사자들도 이 의견에는 그다지 동의할 것 같지도 않다. 그러나 이후의 항목에서 다루겠지만, 여성을 수수께끼 혹은 존재하지 않는다고 하면서도 여성간의 동성애에 관해서만은 명확히 설명가능한 모순은 어떻게 해결할 것인가?

페미니즘의 문맥에 따르면 여성간의 성애를 여성의 신체 이미지에 대한 페티시즘이라는 견해도 있는 듯 하지만, 그렇다고 하면 여기에는 관계원리에서 소유원리에로의 이행이 이루어지지 않으면 안되기 때문에 그러한 발달 과정 자체에 의문이 생기게 된다.

참고로 저자는 여성 동성애자의 욕망에는 나중에 언급할 모녀관계의 특이성이 깊게 관여하고 있다고 생각한다. 이러한 까닭에 이후에 신체성이나 관계성이라는 시점에서의 검토가 필요하다고 생각한다. 어쨌거나 이 문제는 이 책의 주장 안에서도 상당히 고도의 응용편에 해당하기 때문에 섹슈얼 마이너리티의 젠더에 관한 검토는 다음 기회에 다루고자 한다.

'여자가 된다'라는 것

남성의 거세에 관해서 이해했다는 가정하에, 이어서 여성은 어떤 과정을 거치며 '여자'가 되는가에 관해 알아보고자 한다.

여자아이는 남자아이의 페니스를 보고 '자신에게는 그것이 없다'는 것을 알게 된다. 이때부터 여자아이는 '나도 그것이 있으면 좋겠다'는 감정을 갖게 된다. 이것이 악명높은 '페니스 선망'의 시작이다. 이에 대해서 "그런 감정 따위 말도 안돼."라는 반응이 있을 수 있겠지만 흥분하고 있는 독자라면 진정하고 이제부터의 이야기를 조금 더 들어주기를 바란다.

다시 본론으로 돌아와서, 자신에게도 어머니에게도 페니스가 없다는 것을 알게 된 여자아이는 이것을 계기로 어머니에게 정나미가 떨어지게 되고 대신해서 그 욕망을 아버지에게로 향하게 된다. 이것이 프로이트의 "일생동안 계속된다."는 여성의 오이디푸스 콤플렉스이다.

여자아이의 오이디푸스 콤플렉스는 이와 같은 아버지에게 욕망이 향하기 시작한 시점에서 시작되어, 그 후 거의 일생동안 계속된다. 페니스 선망은 섹스에서 페니스를 향수享受하고자 하는 욕망으로 변하며, 이 때 성감대가 클리토리스에서 질膣, Vagina로 이동하게 된다. 질을 통해 페니스를 향수하고자 하는 단계에 이르른 여성은 한발 더 나아가 페니스의 대용으로서 '자녀'를 낳고 싶은 욕망을 갖게 된다고 한다.

이를 더욱더 확실히 하기 위해 이러한 경위에 관한 프로이트의 말을 인용하고 싶다.

여자아이의 오이디푸스 콤플렉스는, 아버지로부터 선물로서 아이를 갖고 싶다, 아버지의 아이를 낳고 싶다는 욕망(이는 오랜 기간 계속해서 품고 있게 되는데)에서 정점에 이르게 된다. 그러나 이와 같은 욕망은 결코 만족될 수 없는 것이기 때문에, 얼마 안 가 오이디푸스 콤플렉스는 점차 소멸되는 듯한 인상을 받게 된다. 페니스와 자녀를 갖고 싶어하는 이 두 가지 욕망은 무의식 중에 확실히 뿌리를 내리게 되고, 여성이 이후에 그러한 성적 역할을 연기하는 데에 있어 준비하는 단계로서 도움이 된다. - 프로이트,『오이디푸스 콤플렉스의 소멸』.

물론 이상의 프로이트의 말에 납득할 수 없는 여성도 많을 것이다. 특히 '페니스 선망'이라든지 '질腟의 쾌감' 등의 부분은 페미니스트들에 의해 수도 없이 난타를 받아왔다. 그럼에도 불구하고 저자가 프로이트를 지지하는 것은 남성과 여성의 욕망이 다른 형태로 변해가는 과정을 그 누구보다 더 명확하게 설명하고 있기 때문이다.

이야기를 되돌리자면, 즉, 여성에게 있어서 최초의 '갖고 싶다'는 소유의 욕망은 페니스의 향수나 출산이라는 '관계성'을 둘러싼 욕망으로 '성숙'하게 된다. 이것이 여성에게 있어서의 '관계원리'의 시작이다.

소유를 추구하는 남성의 욕망은 사실 관계성을 제외하고도 성립한다. 하지만, 여성의 욕망은 대상과의 관계 없이는 성립하지 않는다. 이미 발달의 단계에서 이러한 '소유원리'와 '관계원리'의 분화를 엿볼 수 있다.

비교해 보면 명확하지만 남성의 욕망은 상당히 단순한 형태를 띠고 있다. 다만, 일부 여성들은 '관계성'을 뺀 '소유'만을 목적으로 하는 것이 가능한 남성의 욕망을 이해하기 어려운 듯 하다. 그러나 저자는 여성의 욕망의 성립과정이야말로 훨씬 복잡하다고 생각한다. 그렇기 때문에 "여성이란 무엇인가?", "여성은 무엇을 원하는가?"라는 물음은 정신분석에 있어서도 계속해서 의문인 채로 남아있는 것이다.

여자는 존재하지 않는다?

그렇다. 사실 정신분석에서는 계속해서 "여성이란 무엇인가?"라는 문제를 두고 매우 고전해 왔다. 그리고 그 누구보다도 프로이트 자신이 이 문제에 상당히 골치를 썩었다고 한다. 예를 들어 그는 다음과 같은 말을 남기고 있다.

> 여성이 무엇인지를 기술하는 것은 정신분석의 영역이 아니다.
>
> 정신분석의 역할은, 양성을 동시에 갖는 경향을 가진 아이가 어떠한 과정을 거치며 하나의 여성으로 형성되는가를 연구하는 데에 있다.

이를 통해 보자면, 정신분석가도 마찬가지로 "여성은 무슨 생각을 하고 있는지 모르겠다."고 말하는 것처럼 보인다. 이 말은 프로이트의 계승자라고 자임하는 라캉의 대에 이르면 더욱 과격한 표현으로 발전하게 된다. 라캉은 당치도 않게 "여자는 존재하지

않는다."라고 단정해버린 것이다(『세미나 XX 앙코르』, 자크 라캉, 스이유샤スイユ社). 이 발언은 지금까지 페미니스트로부터 집중포화를 받아온 말이지만 예상 외로 뤼스 이리가라이Luce Irigaray나 쥬디스 버틀러Judith Butler 등 유명 페미니스트들이 가장 많이 활용하고 있는 정신분석 이론도 역시 라캉의 이론이라는 점에서 주목할 만하다.

당연하지만 "여자는 존재하지 않는다."라는 말은 결코 여성을 무시하는 표현이 아니다. 천하의 라캉이 그렇게 서툰 발언을 할 까닭이 없다. 물론 그도 과거에는 가부장제를 예찬하는 발언 등을 했던 전력이 있기는 하지만. 아무튼 그는 당연스럽게 있을 수 있을 법한 반발을 모두 예측하고도 일부러 이와 같은 도발적인 말을 던졌다. 그도 그럴것이 여성성의 본질에 관해 타협하지 않고 철저하게 고찰하면, 결국 이와 같은 기묘한 결론에 다다를 수 밖에 없기 때문이다.

독자들은 여자에게는 본질이 없어? 그런 바보 같은 말이 어디 있지? 라고 생각할지도 모르겠다.

예를 들어, 일본어 사전 『고지엔広辞苑』 제6판의 '여자女' 항목에는 다음과 같이 설명되어 있다.

> 인간의 성별의 하나로서, 자손을 낳을 수 있는 기관을 갖고 있는 쪽

이와 같은 설명만으로 여자에 관한 설명은 충분하지 않을까? 그러나 유감스럽게도 충분하지 않다. 분명 이 기술을 통해 생물로서의 '여자', 섹스로서의 '여자'는 설명할 수 있을지 모른다. 그러나 정신분석이 문제시하는 것은 어디까지나 '젠더'라는 측면이다.

그리고 젠더라는 측면을 고려한다면 '자손을 낳을 수 있는가 여부'로 여성성을 정의하는 것은 너무나도 섬세하지 못하다(그러고 보면, 여성을 '자손을 낳는 기계'라는 실언으로 비판을 받았던 일본의 한 장관의 일화가 있다). 그렇다면 남자의 경우는 어떤가? 남자는 정의할 수 있을까?

라캉에 의하면, 남자는 페니스가 아닌 '팰러스'를 가진 존재라고 정의할 수 있다. 팰러스라는 것은 앞서 언급한 상징적인 페니스를 말한다. 남자아이가 거세되어 아버지와 같은 페니스를 갖고 싶다고 욕망하게 된다. 여기에서 욕망의 대상이 되는 '아버지의 페니스'가 즉 팰러스이다.

이미 설명한 바와 같이 팰러스의 획득이야말로 언어의 시작이다. 따라서 언어 시스템 즉 '상징계象徵界'[69]는 일관되게 팰러스 우위의 시스템으로 구성되어 있다. 즉, 상징계는 기본적으로 남성원리를 통해 작동하는 것이다.

따라서 언어에 대한 태도도 남성과 여성은 큰 차이를 보인다.

일반을 대상으로 하는 남성과 여성을 분석한 책의 경우 여성 쪽이 수다스럽고 언어 능력이 발달되어 있다고 하는 경우가 많다. 이후에 설명하겠지만 이는 오히려 정서적인 커뮤니케이션의 재능이다. 언어를 엄밀하게 사용하여 논리적으로 생각하거나 토론하거나 하는 재능은 아무래도 남성이 우위를 점하기 쉽다(물론 이것은 일반적인 경향으로, 예외는 얼마든지 존재한다).

---

[69] 상징계象徵界, symbolic: 프랑스의 구조주의 철학자 자크 라캉Jacques Lacan이 정신분석 이론에서 사용한 용어. 상징계는 아주 단순하게는 언어 그 자체와 언어를 본떠 구조화된 상징 체계라고 생각되는 문화의 모든 영역을 가리킨다(출처『두산백과사전』).

예를 들어, 자주 듣는 예로 여성 철학자가 거의 없다(철학 교사나 계몽가라면 없는 것도 아니지만)는 말이 있다. 이는 아마도 철학이 언어를 가장 엄밀하게 그리고 논리적으로 사용하는 학문이기 때문일 것이다. 철학이라는 것은 언어만으로 완결된 세계를 구축하고자 하는 시도이다. 이는 심히 남성적인 언어의 사용방법이다. 왜냐하면 남성에게 있어서 언어를 발하는 것은 세계를 구축하는 것, 즉 소유하는 것이기 때문이다. 이는 여성의 언어와 대극을 이룬다. 왜냐하면 여성은 언어를 세계와 관계를 맺기 위해서만 사용하기 때문이다. 남성의 언어는 종종 혼잣말에 가까우나 여성의 언어는 항상 상대를 필요로 한다. 남성은 언어에서 가능한 한 정서적인 것을 배제하고자 하지만, 여성은 언어를 정서를 전달하기 위해 사용한다. 이 차이는 매우 크다.

이와 같이 남성 원리의 시스템인 상징계에 있어서, 여성을 자리매김하는 것은 심히 난해하다. 여성을 정의할 수 없는 것은 어쩌면 당연한 것이다. 다만, 여성은 '남성이 아닌 존재'라는 부정적인 형태만으로 표현할 수 밖에 없다. 따라서 여성을 기술하는 데에는 그 특징을 하나하나 구체적으로 나열할 수 밖에 없으나, 아무리 많은 성질을 나열한다고 해도 여성의 모든 것을 완전히 설명하는 것은 불가능하다. 그렇기 때문에 "여자는 존재하지 않는다."는 것이다.

이를 종합적으로 고려하면, 상징계에 있어서 남성은 팰러스의 작용을 중심으로 '그것이 전부'라는 닫힌, 즉 완결된 집합을 구성하고 있다. 그러나 '그것이 전부가 아닌' 여성의 집합은 그와 같은 닫힌 집합을 구성할 수 없다. 이는 '여성 일반'이라는 것이 존재하지 않는 다는 것을 의미한다. 이를 단적으로 표현하는 것이 라 캉에 의한 "여자는 존재하지 않는다."는 말인 것이다.

팰러스의 향락과 타자의 향락

이어서 '향락'에 관해 생각해 보자. 정신분석에 있어서 '향락'이라는 말에는 다양하고도 복잡 기괴한 의미가 담겨 있어 여간해서는 한마디로 모두 설명할 수 없다. 그래서 여기에서는 필요한 최소한의 것만을 언급하기로 한다.

'향락'이라는 것은 간단히 말하면 쾌감 원칙까지도 초월한 강렬한 체험을 말한다. 단순한 긴장의 해방에 지나지 않는 '쾌감'과는 다른, 고통과 쾌락이 일체화한 것과 같은 훨씬 강도 높은 체험. 우선 '향락'을 대략 이와 같이 정의해 두고 넘어가도록 하자.

라캉에 따르면 '향락'에는 세 가지 종류가 있다. '팰러스적 향락', '잉여 향락', '타자의 향락'이다. 각각에 관해서는 간단하게나마 설명하면 다음과 같다. '팰러스적 향락'은 무의식에 응축된 긴장을 부분적으로 진정시키기 위해 방출하는 에너지에 해당한다. 이 때, 팰러스는 에너지의 방출의 수문과 같은 역할을 담당한다. 딱 '사정'의 이미지라고 볼 수 있다. 남성의 향락은 주로 이러한 팰러스적 향락이라고 한다. 한편, '잉여 향락'은 마음 속에 방출되지 못한 채 쌓인 에너지에 해당한다. 마지막으로 '타자의 향락'인데, 이것이야말로 궁극의 향락이다. 이는 모든 긴장의 완전한 해방에 도달한 이상적인 상태를 가리킨다.

라캉에 따르면, 여성적인 향락은 이중에서 '타자의 향락'에 가깝다고 한다. 후죠시에 관해서 언급한 항목에서도 다소간 언급했으나, 주체성을 완전히 해방시켜 대상을 통째로 받아들임으로써 생겨나는 향락이다(즉, 대상과 관계하는 것을 의미한다).

섹스에 있어서 여성의 오르가즘은 남성보다 훨씬 깊고 길다고 한다. 저자는 여성이 되어본 적이 없기 때문에 알 수는 없지만 사실이라고 생각한다. 이 차이는 한정된 '팰러스적 향락'과 궁극의 '타자의 향락'의 차이에서 오며 그대로 '소유원리'와 '관계원리'의 차이에 대비시킬 수 있다.

어떻게 해도 입장(혹은 체면)을 버릴 수 없는 남성은 팰러스적 향락에 머무를 수 밖에 없다. 이는 '소유원리'의 숙명이기도 하다. 이는 어떤 이유에 기인하는 것일까?

입장을 버리고자 하지 않는 남성의 주체는 자기 자신이 변하는 것을 매우 싫어한다. 이러한 주체는 진정한 의미로 대상과 관계하는 것이 불가능하다. 단지 자신을 변화시키지 않고 대상을 소유하고자 시도할 뿐이다. 그러나 아무리 노력해도 '모든 것'을 소유하는 것은 불가능하다. 모든 부ﾠ를 그리고 모든 여성을 소유한 남성은 그 어디에도 없다. 그럼에도 불구하고 남성의 욕망은 항상 '모든 것'을 추구하기 때문에, 자신을 부분적으로만 변경할 수 있을 뿐이다. 그런 의미에서 소유원리는 결코 팰러스적 향락을 초월할 수 없다.

그에 반해서 여성은 쉽게 입장(주체)를 버리고 타자의 향락에 몸을 맡기는 것이 가능하다. 여성은 '모든 것'을 추구하지 않는다. 자신이 변하는 것도 두려워하지 않는다. 그렇기 때문에 스스로 주체를 '무無'로 돌리는 것이 가능하다. 여성은 주체에서 내려오는 것을 통해 궁극의 '타지의 향락'을 손에 넣었다. 여기에도 욕망의 역설이 있다. 이 향락은 언어를 통한 이해를 초월하고 있기 때문에 여성은 그것을 경험할 수 있음에도 불구하고 그것에 대해서 알지 못할뿐더러 설명할 수도 없다(후죠시가 해설이나 분석을 싫어하는 것은 이 때문일지도 모른다). 여성은 그것을 상징적으로 '소유'할 수 없지만, 그것과는 다른 별개의 방법으로 손에 넣은 것이다.

지금까지 보아왔던 것처럼 모든 젠더가 평등하게 욕망하는 것처럼 보이는 성행위에 있어서도, 그것을 어떻게 향락하는 가에 따라 남과 여는 완전히 다른 길을 걷는다. 이를 가리켜 라캉은 "성관계는 존재하지 않는다."고 표현했다.

서로 사랑하는 남녀가 서로를 원해 결합했다고 해도, 그 결과는 '진정한 결합'이 아니다. 남녀가 서로 부둥켜안고 있는 것은 현실의 상대가 아닌, 상대에게 투영된 욕망이 부여한 환상에 지나지 않는다. 즉, 남과 여는 진정한 의미의 '관계'를 맺는 것이 불가능한 것이다.

그러나 아직 이를 납득할 수 없는 독자들이 있을 수 있다. 그리고 저자는 그런 독자들의 기분을 모르는 바는 아니다. 즉, 실제로 마주하고 있는 남녀의 '신체'는 과연 어떻게 설명할 것인가 라는 의문이 아직 남아있는 것이다. 섹스는 환상의 교환이다. 그래, 백 번 양보해서 이것을 인정할 수 있다. 하지만, 실제로 일어나고 있는 신체의 결합은 어떻게 볼 것인가? 현실에서 신체가 결합하고 때로는 그것이 생식행위生殖行爲가 되기도 하며, 그 결과 임신하여 자녀가 태어나기도 한다. 이러한 현실은 어떻게 받아들여야 하는 것일까? 이러한 의문은 결코 무시할 수 없는 부분인 것이다.

그러나 만약 정신분석이라는 입장에서 이에 관해 생각해 보면 임신이나 출산은 젠더와 아무런 관계도 없다. '자식을 낳을 수 있는 성'인지 아닌지는 여성성과 아무런 관계가 없는 것과 마찬가지로. 분명히 임신이나 출산은 성관계를 보다 깊은 차원의 것으로 만들지도 모르지만 결정적인 것이라고는 할 수 없다. 실제로 그것들은 관계의 깊고 옅음과 관계없이 일어나는 일이며, 관계를 보다 확실하게 해 주는 것은 더욱 아니다. 또한 그렇기 때문에 3장에서 언급한 바와 같이 부부의 엇갈림이나 불행한 결혼이 끊이지 않는 것이다.

완벽한 섹스가 존재하지 않는 것처럼 완벽한 남녀관계도 역시 존재하지 않는다. '사랑'조차 이러한 결여를 채우기 위해 추구되는 환상에 지나지 않는다.

또한 라캉은 "여성은 남성의 '증상'이다."라고 말했다. 이는 무슨 의미일까?

남성에 있어서 사랑하는 여성은 실로 하나의 주체적인 인간이 아니다. 남성은 여성의 모든 것을 '소유'하고자 하지만 이는 애초부터 불가능한 요구이다. 남성은 항상 여성의 일부만을 소유할 뿐이다. 이는 '몸'일 수도, '마음'일 수도 있으나 이러한 '부분'은 '대상'으로 남성의 욕망의 원인이 된다. 즉 남성의 여성에 대한 애정은 항상 일종의 페티시즘(=증상)으로서 고유의 태생적 한계를 품고 있는 것이다.

여기에서 재차 여성의 신체가 문제가 된다.

여성의 욕망의 한계, 이것은 여성의 신체다. 여성은 사랑받기 위해 여성의 신체(=페티시)를 필요로 한다. 그뿐만이 아니다. 여성은 사랑하기 위해서도, 여성의 신체를 필요로 한다. 물론 여기에서 신체라고 하는 것은 정확하게 신체의 이미지 즉, '환상으로서의 신체'를 가리킨다.

여성만이 신체를 갖고 있다

여성만의 특징은 무엇일까? 그것은 바로 '신체를 갖고 있다는 점'이다.

그런 바보같은 소리가 어디 있어?라고 남성들은 반문할지도 모르겠다. 우리들의 사타구니를 보라고, 여기에 있는 것은 뭐냐고 말이다. 그러나 저자는 "분명히 무언가 달려있기는 하지만 사실 거기에는 아무것도 없다. 당신들이 쥐고 있는 것은 사실 당신들의 소유물이 아니며 단지 비어있는 심볼에 지나지 않습니다."라고 대답할 수 밖에 없다. 이를 보다 알기 쉽게 설명해 보자.

여성은 자신의 신체를 항상 의식하고 있다. 신체의 어느 부분이 어떤 식으로 안 좋은지에 관해 정확히 이야기할 수 있는 것은 여성뿐이다.

월경이 있기 때문에?

그러한 논리는 나름대로 일리가 있으나, 그 때문만은 아니다. 여성은 온갖 기회를 통해 자신의 신체를 내외 모든 측면에서 의식하면서 살고 있다. 실제 임상 현장에서도 남성보다는 여성 쪽이 자신의 신체의 컨디션에 훨씬 민감하다는 것을 알 수 있다.

저혈압, 냉증, 변비, 두통, 어깨 결림, 피로, 권태감 등과 같은 이른바 부정형신체증후군[70]은 여성 쪽에 압도적으로 많다. 이는 여성의 몸이 약하다기보다는 남성 쪽이 둔감하다고 보는 편이 타당할 것이다.

남성은 예외가 있기는 하나 거의 자신의 신체를 의식하고 있지 않다. 그들은 발기하고 있을 때 외에는 자신의 페니스의 존재를 잊고 있다. 그뿐만이 아니다. 남성에게 있어서 신체는 가렵거나 아플 때와 같은 문제가 발생한 상태가 되어서야 비로소 그 존재를 주장하기 시작한다. 고통을 동반하지 않을 때의 남성의 신체는 거의 인식되지 않는다는 의미에서 투명한 존재인 것이다.

저자를 포함하는 일부의 남성이 한여름에 조깅을 하면서 일부러 많은 땀을 흘리는 쾌감을 여성은 도저히 이해할 수 없다고 한다. 이뿐만 아니라 많은 남성은 자신의 육체를 스포츠 등의 단련을 목적으로 고통을 주거나 학대하는 것을 상당히 좋아한다. 이는 이렇게라도 하지 않으면 자신이 신체를 갖고 있음을 잊어버리게 되기 때문이 아닐까라고 저자는 의심하고 있다.

저자는 이러한 신체성의 차이에 관해서도 납득할만한 설명을 읽은 적이 거의 없다. 그러나 이는 결코 저자 개인의 감각이나 임상경험만을 바탕으로 하는 이야기가 아니다. 예를 들어 일본의 문학장르 중 하나인 단가短歌의 경우, 육체를 테마로 한 작품 대부분

---

[70] 부정형신체증후군: 뚜렷하게 어디가 아프거나 병이 있지도 않으면서도 병적 증상을 호소하는 것. 머리의 무거움이나 초조감, 피로감, 불면, 견통, 심계 항진, 식욕 감퇴 따위가 일어나며 막연한 불쾌감을 동반한다. 하지만 실제로 검사해 보면 아무런 이상도 발견되지 않는다. 부정 수소라고도 함.

이 여성 가인歌人에 의한 것이다. '대부분'이라고 한 것은 저자가 단가에 대해 그다지 정통하지 않기 때문이지만, 나름대로 조사한 바에 따르면 남성이 육체를 테마로 창작한 단가는 찾아볼 수 없었다. 한편 여성 작가에게는 성애만을 테마로 한 가집은 다수 존재한다.

　　단가만이 아니다. 저자도 조금은 손을 대본 적이 있는 현대시에 있어서도 이는 마찬가지이다. 많은 여성 시인들도 역시 성애를 시작으로 하는 '여성이기에 가능한' 신체감각을 읊어 널리 읽혀졌다. 여기에서 '여성이기에 가능한'의 부분을 따옴표로 처리하여 강조한 것은, 신체감각을 전면에 내세운 작품에는 대부분 이와 같은 판에 박힌 소개가 늘 붙기 마련이기 때문이다. 좋든 나쁘든 간에 판에 박혀있다고 하는 상황 자체가 신체성이 곧 여성성이라는 더 없는 증거가 된다. 이러한 것은 소설에서도 예외는 아니다.

　　한편 "여성이 거울에 자신을 비추어 보는 것은 자신의 모습을 보는 것이 아니라, 자신이 어떻게 타인에게 보여지는가를 확인하기 위함이다."(앙리 드 레니에Henri de Regnier)라는 말이 있다.

　　이 말에는 여성의 나르시즘의 복잡한 내력을 보여준다. 남성의 나르시즘은 예외는 있지만 그다지 '객관적인 기준'을 필요치 않는다. 하지만, 여성의 나르시즘은 '타인의 시선으로부터의 자신의 신체'라는 이미지를 매개하지 않으면 성립할 수 없다. 즉, 여성들의 자기애에는 신체성과 관계성이라는 두 요소가 미리 깔려있는 것이다.

　　그렇다면 왜 그녀들은 이와 같은 신체성을 획득하게 된 것일까? 저자는 여기에서 종래의 정신분석이 그다지 중요하다고 생각지 않지만, 매우 중요한 관계성의 역사가 관련되어 있다고 생각한다. 그것은 바로 거의 모든 여성이 경험하는 '모녀 관계'이다.

어머니가 만드는 딸의 신체

모녀 관계에는 다른 어떤 가족 관계와도 차별화되는 점이 있다. 여기에는 모녀 사이에서만 발생하는 특유의 문제가 자리잡고 있는데, 만일 여성 독자라면 어느 정도 고개를 끄덕일 것이다. 당신 자신이 모녀 관계에서 힘들었는지 여부와는 관계없다. 이 문제에는 잠재된 상태인가 아니면 혼재된 상태인가라는 차이 밖에 존재하지 않기 때문이다. 지금까지 어떤 문제도 없었다면 그것은 당신이 단지 운이 좋았을 뿐이다.

저자는 일전에 이 문제에 관해 검토하고 한 권의 책으로 엮어낸 적이 있다(『어머니는 딸의 인생을 지배한다』, NHK출판, 2008년). 모녀 관계가 여성의 신체성에 어떤 영향을 주는가에 관해서 이 책의 내용에 입각하여 간단히 언급해보고 싶다.

물론 모녀 관계가 천편일률적인 것은 아니다. 여기에는 실로 다양한 갈등의 형태가 존재하는데, 예를 들어 어떤 어머니는 딸을 철저한 감시하에 두고자 하는 경우가 있다. 가방의 내용물로부터 시작해 책상 서랍의 내용까지 검열하고, 전화를 엿듣는 등 대인관계에까지 간섭한다. 복장과 헤어 스타일도 어머니가 결정한다. 딸은 자유를 원하면서도 그런 어머니의 곁에서 뛰쳐나오지 못한다.

또 다른 예로 어떤 어머니는 딸과 매우 깊은 신뢰관계에 있다. 딸에게 있어서 어머니는 이상적인 어머니일 뿐만아니라 이상적인 아버지이기도 하다. 어머니와의 유대가 너무나도 강한 나머지, 딸은 결혼할 마음이 여간해서 생기지 않아 나이만 먹게 된다. 이러한 경우 딸은 어머니의 임종을 맞아 '자신의 절반이 죽어버렸다'고 느낄 정도로 큰 상실감을 느낀다.

여기에서는 양 극단의 예시를 소개했지만 모녀 관계는 그렇게 단순하지 않다. 어떤 어머니는 딸을 결코 인정하려고 하지 않고 오직 비판과 부정만을 하려고 드는 경우도 있다. 그리고 어떤 어머니는 딸에게 자신의 이루지 못한 희망을 강요하여, 마치 자기 자신의 대리 인생을 추구하기도 한다. 심지어 어떤 어머니는 어디에 가더라도 딸과 행동을 같이하는 이른바 '일란성 모녀—卵性 母女'[71]와 같은 모습을 보이기도 한다.

이러한 모녀관계의 갈등은 과보호에서 반발 그리고 혐오에서 밀착에 이르기까지 그 내용은 매우 다양하다. 그러나 모든 패턴에는 공통점이 하나 있는데 그것은 '어머니의 딸에 대한 지배'이다. 이런 점에서 언뜻 정반대로 보이기 쉬운 학대 관계와 일란성 모녀 관계는 일치한다.

이와 같은 '지배'가 성가신 점은 그것이 종종 지배라는 자각

---

71 일란성 모녀—卵性 母娘: 일란성 모녀는 어머니와 딸(특히 사춘기 이후)의 상호의존을 나타내는 말. 친구같은 어머니와 거의 같은 의미로 사용되는 경우가 많다. 어원은 유명한 엔카 가수 미소라 히바리美空ひばり와 그의 어머니가 함께 노력해서 딸의 가수로서의 성공을 도운 모습에서 유래했다고 하지만, 그 정확한 어원은 확실치 않다. 특이한 점은 남성의 마더 콤플렉스와 달리, 일란성 모녀의 경우 혐오감을 주거나 비난을 받는 경우가 매우 드물다는 점이다.

조차 없이 무의식 중에 행해지는 지배라는 부분이다. 나중에 다시 언급하겠지만 어머니에 의한 지배에는 '헌신'이나 '자기 희생'이라는 봉사의 형태를 띤 지배도 존재한다. 그과 같은 '지배'는 어머니와 딸의 모두에게 인식되지 않는다.

    모녀 관계의 갈등은 종종 '순정만화'에 직간접적으로 모티브를 제공해 왔는데, 예를 들어 하기오 모토萩尾望都『이구아나의 딸』(쇼가쿠칸小学館)이라는 작품에는 사랑받지 못한 딸이 주인공으로 등장한다. 작품 속의 어머니는 자신이 낳은 주인공인 딸(장녀)이 아무리해도 이구아나로 보여 그녀를 사랑할 수 없다. 인간으로 보이는 차녀는 사랑할 수 있으나 이구아나로 보이는 장녀는 역겹고 싫은 것이었다. 장녀도 역시 어머니에게 사랑받지 못하고 여동생에게 항상 비교당하며 '보기 싫다'는 말을 계속 듣고 자랐기 때문에, 실제로는 미인이고 우등생임에도 불구하고 열등감을 안고 살아가게 된다. 이윽고 장녀는 결혼하여 여자아이를 낳게 되지만 마침 그 딸이 어머니와 닮은 탓에 애정을 줄 수가 없다. 그런 어느날 어머니가 뇌일혈腦溢血로 사망하게 된다. 그런데 부랴부랴 달려간 장녀가 목격한 어머니는 이구아나의 얼굴을 하고 있었다. 장녀는 격렬한 충격을 받게 되지만, 처음으로 어머니의 괴로움을 이해하고 이윽고 어머니와 일종의 '화해'를 이룰 수 있게 된다.

    저자는 운좋게 어떤 토크 이벤트에서 하기오萩尾 본인과 이야기를 나눌 수 있었는데, 그녀에 따르면 자기 스스로도 모녀 관계(작품과는 다르지만)에서 깊게 고민했던 시기가 있었다고 한다. 이 작품이 이상하리만치 리얼한 데에는 이와 같은 배경이 자리잡고 있었던 것이다.

여기에는 어머니에 의한 딸의 지배의 '신체성'과 '말'의 문제가 응축되어 있다고 볼 수 있다. 여성의 신체성은 종종 어머니의 말에 의해 지대한 영향을 받는다. 어머니로부터 계속해서 이구아나라고 불리웠던 딸은 정말로 이구아나가 되어버린 것이다.

그렇다면 어째서 어머니는 그렇게까지 딸을 지배하지 않고서는 못견디는 것일까? 그 이유 중의 하나로서 생각할 수 있는 것은 '모성 신화'를 들 수 있다. '모성 본능'이라는 말이 있는데 어머니가 자녀에게 헌식적으로 봉사하는 것은 생물로서의 본능과 같다는 속설이다. 그러나 이 설은 아직까지 명확하게 증명된 적이 없으며 지금에 이르러서는 이 설에 부정적인 입장을 보이는 학자가 대부분이다.

예를 들어 프랑스의 사상가 엘리자베스 바댕테르Elisabeth Badinter는 모성 신화를 부여한 원죄를 두 인물의 책임이라고 돌렸는데, 자녀에 대한 어머니의 헌신을 읊은 장 자크 루소와, 어머니만이 자녀의 중심인물이라고 본 지그문트 프로이트가 바로 그 두 인물이다(엘리자베스 바댕테르, 『프랑스 러브-모성본능이라는 신화의 종언終焉』 산리오サンリオ, 1981년). 하지만, 저자는 프로이트가 오히려 모성본능을 부정했다고 생각하기 때문에 약간 입장을 달리한다.

그러나 모성 본능 그 자체가 부정된다고 해도, '어머니의 존재'는 역시 특수한 경험이 아닐까 싶다. 그리고 이는 본능과는 별개의 의미로 여성의 인생을 깊게 규정하는 체험이 아닐까 생각한다.

이러한 의문에 대해 답하고자 했던 것이 심리학자 해리엇 골드호 러너Harriet Goldhor Lerner이다. 그녀는 저서 『여성이 어머니가 될 때』(세이신쇼보誠信書房, 2001년)에서 자신의 출산체험을 기반으로 이것이 여성의 의식을 어떻게 변용시키는가를 리얼하게 묘사하고 있다.

그녀에 의하면 '분만'의 체험은 여성의 의식을 오랜 기간에 걸쳐 변용시킨다. 원래부터 자녀를 갖고자 하는 판단은 본질적으로 비합리적인 부분이 있는데, 그때문에 많은 어머니는 자신의 자녀를 컨트롤해야만 한다는 강박관념에 사로잡히게 된다. 그리고 그것만이 아니더라도 출산과 육아를 통해 여성은 매우 강한 정서를 공유하는 체험을 하게 된다.

그와 같은 체험은 많은 어머니에게 과격한 책임감을 부여하게 되고, 자녀의 발달지체, 성적 불량, 편중된 성격 등 그 모든 문제에 대해서 강한 책임을 느끼게 된다. 이것은 자신의 아이의 성장을 충분히 컨트롤할 수 없는 것은 아닐까라는 불안과 하나가 되는 감정이다.

다시 말하면, 모성 본능에는 근거가 없으나 그 이상으로 어머니가 된다는 체험은 자녀를 컨트롤하지 않으면 안된다는 강한 책임감을 부여한다는 것이다. 더욱이 그 아이가 여성이라면 신체적 동일화가 한층 더해져 자녀를 컨트롤하고자 하는 욕망은 한도 끝도 없이 팽창하게 된다.

그러나 모녀관계의 특이성은 그뿐만이 아니다. 어머니에 의한 딸의 지배는 아버지와 아들의 관계처럼 '권력투쟁'화 되기 어렵다. 오히려 어머니는 딸에 대해 모성적 그리고 헌신적으로 봉사하는 것을 통해 딸에게 '미안한 감정'을 갖게 함으로써 딸을 지배하는 경우가 많다. 이와 같은 거의 무감각적인 지배를 가리켜 임상 심리학자인 다카이시 코이치高石浩―는 '마조히스틱 컨트롤masochistic control'이라고 부른다(『어머니를 지탱하는 딸들』, 니혼헤이론샤日本評論社, 1997년).

또 하나의 이론은 정신분석가인 까롤리네 엘리아쉐프Caroline Eliacheff의 '플라토닉한 근친상간'(『그래서 어머니와 딸은 어렵다』, 하쿠스이샤白水社, 2005년). '근친상간'이라는 표현은 다소 과격하지만 이는 말하자면 신체를 매개로 한 친밀한 관계라는 의미이다.

이러한 어머니와의 근친상간적인 친밀함은 종종 아버지를 소외시킨다. 동성이기 때문에 모녀간에는 근친상간적 관계가 성립하기 쉽다. 아마도 어머니가 딸에게 거는 '대리 인생'에 대한 욕망도 이러한 신체적인 유사함에 기인하는 것은 아닐까? 아이덴티티의 혼동이 진행되면 모든 사고나 감정을 서로 간에 털어놓을 수 있게 되고, 옷을 서로 빌려입거나 하는 친밀함이 생겨난다. 어머니와 딸의 신체는 공통된 부분이 많기 때문에 둘 사이의 경계와 차이는 말끔히 사라져버린다. 이러한 신체적 동일성에 의한 친밀감은 말할 것도 없이 오직 모녀 관계에 있어서만 성립한다. 이러한 친밀감은 아버지와 아들 사이에서는 어림도 없는데, 다시 한 번 말하지만 진정한 의미에서의 "신체를 갖고 있다."고 말할 수 있는 것은 오직 여성뿐이기 때문이다.

'여성다움'의 분열

반복해서 말하지만 원래부터 '여성성'에는 어떤 본질도 존재하지 않는다. 이는 철저하게 표층적인 것이며 그리한 까닭에 여성성은 신체성과 같다고 본다. 왜냐하면 정신분석적으로 보면, 신체는 상징적인 것이며, 확고한 기반이 없는 환상에 다름없기 때문이다. 원래부터 이 책의 전제가 젠더에 관한 '신체'는 절대적인 기반이 아니라는 점에서 출발하고 있다는 점을 다시 한 번 확인해 두고자 한다. 많은 여성은 성장과정을 통해서 여성적인 신체를 획득하도록 교육받고 성숙했기 때문에 여성은 오직 신체성에 대한 배려에 의해 '여성답게' 있고 싶어하는 존재인 것이다. 이것이 '여자가 된다'는 것의 한 측면이다.

여성은 항상 자신과 타자의 신체를 의식하면서 살아간다. 원래부터 화장이나 패션에 대한 관심은 신체에 대한 강한 관심이 없이는 성립할 수 없다. 여성은 남성보다도 훨씬 '보여지는 성性'이며, 자신이 어떻게 보여지는가에 대해 항상 의식하고 있다.

이 점에 관해서 정신분석가인 크리스티앙 올리비에Christiane Olivier는 다음과 같이 말하고 있다.

> 어린 소녀가 무언가 나쁜 짓을 하면, 그녀의 어머니 혹은 할머니는 종종 말한다 "너는 왜 이렇게 꼴사납니. 정말 귀여운 구석이 하나도 없다니까!" 여기에 쓰인 형용사는 도덕적인 규범이 아닌 미적 규범에 속하는 것이다. ─ 『어머니와 딸의 정신분석』, 호세다이가쿠 슛반쿄쿠法政大学出版局, 2003.

여자아이에 대한 교육은 남자아이의 경우와 달리 처음부터 타인의 마음에 드는 신체의 획득을 목표로 하는 경우가 많다. 여성에게 있어서 신체성에 대한 집착은 이처럼 근원적인 문제인 것이다. 그리고 이와 같이 딸들에게 제대로 여성스러운 신체성을 갖도록 하는 것은 다름아닌 어머니라고 할 수 있는데, 교육에 의한 신체성의 전달은 곧 딸의 신체에 대한 지배와 동일하다.

예를 들어 아버지는 아들에게 추상적인 개념인 '남자다움'을 전하려고 한다. 이러한 관계도 역시 지배와 유사한 점이 있으나, 이러한 지배는 일시적인 것이다. 자립한 아들들은 언젠가 결국 아버지를 뛰어넘게 되고, 자연히 이와 같은 지배는 끝나게 된다. 이는 '남자다움'은 관념적이기 때문에 가능하다. 그렇기 때문에 '남성다움'은 소유 가능하며 마찬가지로 권력투쟁을 통해 탈취하는 것이 가능한 것이다.

그러나 '여성다움'을 딱 꼬집어서 말하는 개념은 거의 존재하지 않는다. 어머니가 딸에게 전하고자 하는 '여성다움'은 관념이라기보다는 대개 신체적인 동일화에 의해서만 전할 수 있기 때문이다. 이 동일화는 상호적이라서 '영원한 지배'처럼 되기 쉽다. 이는 '여성다움'이 '남성다움'과 달리 항상 인간관계 안에서만 표현될 수 밖에 없기 때문이다.

대부분의 '여성다움'이라는 가치는 귀여운 머리스타일이나 화장 그리고 페미닌스러운 복장 혹은 얌전한 태도라는 신체 즉, 외모와 관련된 요소를 통해 성립한다. 여기에는 상대에게 불쾌감을 주지 않는 것, 그러나 그 이상으로 상대로부터 사랑받는 것이 전제에 깔려있다.

그러나 물론 '여성다움'에도 용모 이외의 내면적인 요소가 없는 것은 아니다. 예를 들어 '상냥함', '얌전함', '순종적임', '수동성' 등을 들 수 있는데, 이 모든 것은 '스스로의 욕망을 포기하는 태도'

라고 볼 수 있다.

외모 즉, 신체를 통해서는 타자의 욕망을 더욱더 끌어당기는 존재가 되라고 하는 한편 내면에서는 자신의 욕망을 포기하라고 하는 이율배반적인 명령. 즉, 매력적인 외모와 조신한 성격의 조합은 '정숙한 미녀'라는 스테레오 타입으로, 저자를 포함한 많은 남성들이 한번은 꿈꾸는 여성의 이상형이기도 하다.

그러나 이런 '여성다움'을 위한 교육에는 근본적인 모순과 분열이 태생적으로 내재하고 있다. '여성다움'에는 '욕망'에 대한 긍정과 부정이 동시에 포함되어 있기 때문이다. 그렇기 때문에 '여성다움'은 결코 관념적이 될 수 없으며 이미지의 동일화에 의해서만 전달될 수 밖에 없는 것이다. '여성다움'에 대한 교육을 고분고분하게 받아들인 여성들은 자신의 욕망은 포기하고 타자의 욕망에 의존하는 존재('조신하고' '아름다운' 여성) 즉, '여성다움'의 분열을 받아들일 수 밖에 없다. 이 분열이 여성 특유의 신체감각과 '공허함'으로 이어진다.

이러한 '교육'의 과정에서 딸의 신체성을 만들어내는 것은 바로 어머니의 언어이다. 예를 들어 어머니로부터 이구아나라고 계속 불리워진 딸이 자신을 이구아나로 밖에 인식할 수 없었던 것처럼 말이다. 그런데 사실 딸에게 향한 어머니의 말은 무의식적으로 어머니 자신을 향한 말이 되기도 한다. 이것은 '이룰 수 없었던 소원'이자, 여자로서의 '생존의 지혜'이기도 하다. 다만, 이 지혜는 지극히 프라버시의 영역에 해당하기 때문에 대체로 모녀 사이에서만 공유된다.

그래서 어머니의 신체성은 말을 경유하여 딸에게 전달된다.

다시 말하면, 모든 딸들의 신체는 어머니의 말에 의해 형성되고 자리 잡게 되는 것이다. 따라서 아무리 어머니를 부정하고 반발하려고 해도, 딸들은 주어진 어머니의 말대로 살아갈 수 밖에 없다. 이것이 '아버지 죽이기 patricide'가 가능한 반면, '어머니 죽이기 matricide'가 불가능한 이유이다.

여성의 공허감

모녀 관계에 있어서 공유된 분열 때문에 모든 여성은 어떤 일종의 '공허감'을 품게 된다. 이러한 공허감의 기원은 정신분석에 따르면 구순기口脣期에 있다고 한다.

남성은 이와 같은 공허를 거의 느끼지 않는다. 왜냐하면 남성은 구순기에 공허한 체험을 하지 않았기 때문인데 크리스티앙 올리비에 Christiane Olivie는 이것을 다음과 같이 설명하고 있다.

> 그의 성기 덕분에, 그의 어머니는 다시금 새로 시작해야할 자신의 여성으로서의 일생을 그에게 강요하는 것이 불가능했기 때문이다.

즉, 페니스의 존재가 신체적 동일화를 방해하기 때문에 남자아이는 어머니의 공허에 물들지 않고 그 시기를 지날 수 있다는 것이다.

일반적으로 여성은 공허함, 우울, 권태, 고독을 남성보다 훨씬 강하게 느낀다. 이 감정은 여성에게 있어서 '관계원리'에서 찾을 수 있다. 여성들의 공허는 관계에 있어서의 분열에서부터 유래하기 때문에, 이를 '소유'함으로서 메꾸는 것이 불가능하다. 공허를 메꾸는 것 혹은 얼버무리는 것은 타인과의 친밀한 관계성을 통해서만 가능하다. 그렇기 때문에 여성들은 자신의 기쁨을 희생하면서도 타인을 위해 봉사하고자 하는 것이다.

> 오직 그녀들이 무언가 눈에 보이는 것을 줄 때만, 그녀들의 두뇌가 자기 스스로에게 자신은 내적으로 공허하지 않다라고 속삭인다.
> (올리비에)

공허함을 채워주는 또 하나의 요소는 자기 컨트롤이다. 자신의 신체를 마음대로 제어하고 조종하고 있다고 느끼면 공허함을 어느 정도 무마시키는 것이 가능하다. 다만, 이 감각을 과도하게 추구하게 되면 다른 문제가 생긴다. 앞선 4장에서 언급한 여성에게 압도적으로 많은 질환 중의 하나인 섭식장애도 이 때문에 생기는 것일지도 모른다.

지금까지의 이야기를 다시 한 번 확인하고 넘어가자면 다음과 같다.

우선 여성성이라는 것은 바로 신체성을 가리키는 것이며, 여성다움은 주로 눈에 보이는 신체성에 대한 배려를 의미하고 있다. 따라서 여자아이에 대한 교육은 남자아이에 대한 교육과 달리 타인의 마음에 드는 신체를 획득하는 것을 목표로 하게 된다. 이때문에, 어머니에 의한 딸의 교육은 거의 무의식적으로 딸의 신체를 지배하는 것으로 이어진다.

그러나 어머니에 의한 지배를 고분고분하게 받아들이게 되면, 딸은 자신의 욕망을 포기하고 타자의 욕망에 의존하는 존재('조신하고', '아름다운' 여성)라는 '여성다움'의 분열을 받아들이지 않으면 안된다. 그렇다고 해서 지배를 거부하게 되면 딸은 어머니의 헌신에 대해 죄악감과 고독감을 느끼게 된다. 말하자면 '어머니에 의한 딸의 지배'는 딸이 그것에 저항하든 순종하든 간에 여성 특유의 '공허'의 감각을 초래할 수 밖에 없게 된다.

욕망의 2대 원리

이와 같은 내용에 입각하여 정리해보면 젠더 간의 욕망의 차이는 다음과 같이 요약할 수 있다.

남성의 '소유원리'는 오직 팰러스적 향락을 목표로 돌진한다. 팰러스는 인간에게 언어를 부여하는 원기原器 즉, 표준과 같은 것이기 때문에 남성의 욕망은 철저하게 원어적, 관념적이 된다. 이 욕망이야말로 문명의 진보를 이끌어 왔다.

그러나 소유원리라는 것은 단지 욕망의 대상을 갖고 싶다고 희망하는 것을 의미하지 않는다. 대상을 시각화하고, 언어화하여 거기에 더해 개념화한 것을 마음대로 조작하려고 하는 과정 전체가 본질적인 '소유'의 태도이다.

한편 여성의 '관계원리'는 펄스적인 것에서는 나타나기 어렵다. 즉, 여성은 자신의 성욕을 언어로 명확하게 설명할 수 없다. 여성은 대상의 개념으로서 소유하고자 하지 않는다. 오히려 여성은 대상을 통째로 받아들인다. 관계에 대한 욕망은 본질적으로 수동적인 것이다. 우선 대상을 통째로 받아들인 후에 여성은 그곳에서 자신의 욕망을 발견한다. 그러나 여성은 받아들이는 것에 충분한 만족을 얻을 수 있기 때문에 욕망의 대상을 딱히 언어화하거나 개념화하고자 하지 않는다.

이것이 욕망의 양대 원리이며 지금까지 논해왔던 것을 정리하기 위해 각각의 원리의 특징을 표1와 같이 정리할 수 있다.

표1. 남성의 소유원리와 여성의 관계원리

	소유원리(所有原理)	관계원리(關係原理)
기본적 희망	소유하고 싶다	되고 싶다
향락의 종류	팰러스적 향락	타자의 향락
주체의 위치	항상 입장(체면)이 필요	입장(체면)은 필수적인 것이 아님
주체의 변화	「변화」를 회피	「변화」하는 것을 반드시 회피하거나 두려워하지 않음
대상과의 관계	거리를 두면서도 지배와 조작하는 것을 추구하는 능동형 관여	대상에 밀착하여 통째로 수용하려고 하는 수동형 관여
동일화	상징적象徵的(=언어적) 동일화	상상적想像的(=신체적) 동일화
성애의 감각	시각우선	청각우선
성애의 기억	폴더별 보존(수 많은 방)	덮어쓰기(하나의 방)
언어의 기능	정보 전달	정서 전달
개념조작	추상성과 완결성이 중요	신체성과 관계성이 중요
시간감각	「과거」혹은「보편」지향	「현재」지향
병리형	자폐증	히스테리
젠더	남성에게 많다	여성에게 많다

위와 같은 차이를 충분히 이해한다면 반드시 '뇌'의 구조 등을 고려하지 않고서도, 남녀의 다양한 차이를 유연하게 해석해 낼 수 있다.

만약을 위해 언급해두지만 저자는 결코 젠더와 뇌가 무관하다고 말하고자 하는 것이 아니다. 물론 뇌가 중요한 요소의 하나인 것은 말할 필요도 없다. 하지만 저자가 말하고 싶은 점은 남녀의 뇌의 차이가 그대로 젠더의 차이에 반영된다는 논리는 인과관계로서 너무나도 소박한 데다가 개연성마저 떨어진다는 것이다.

100%라고 할 수는 없겠지만 젠더간의 다양한 능력의 차이를 '익숙함'과 '학습'의 문제라고 본다면, 뇌에 관한 이야기는 꺼낼 필요조차 없다. 왜냐하면 발달 과정에서 '소유'의 태도에 익숙해진 남성과, '관계'의 태도에 익숙해진 여성의 차이만으로도 충분히 설명가능하기 때문이다. 뇌의 가소성[72]을 고려한다면 구조적인 차이 이상으로 이러한 '익숙함' 혹은 '학습'의 문제가 중요하게 되는 것은 두말할 필요도 없다.

'공감'과 '시스템화'

한편 '뇌'에 기반을 둔 젠더를 논한 수많은 책들 중에서 유일하게 진지하게 언급할 가치가 있는 책이 있다. 사이먼 배런 코언Simon

---

[72] 가소성可塑性: 고체가 외부에서 탄성 한계 이상의 힘을 받아 형태가 바뀐 뒤 그 힘이 없어져도 본래의 모양으로 돌아가지 않는 성질. 천연수지, 합성수지 따위가 이러한 성질을 지닌다.

Baron-Cohen의 『공감하는 여성의 뇌, 시스템화하는 남성의 뇌』(NHK 출판, 2005년)가 바로 그것이다. 물론 여타 뇌의 차이에 따른 성차를 다룬 책과 마찬가지로 이 책도 본질주의적인 좋고 나쁨이 있다거나, 마이너리티의 존재에 냉혹하다는 문제들을 안고 있다. 하지만 그의 '공감하는 뇌'와 '시스템화하는 뇌'라는 구분방법은 '관계원리'와 '소유원리' 가설을 보강하는 데에 유용하다.

이 책의 주장을 요약해 보면 다음과 같다.

여성은 '공감하는 뇌'를 갖고 있다. 공감하는 뇌란 상대가 느끼거나 생각하고 있는 것을 탐지한 후 그에 반응하여 적절한 감정을 느끼게 하는 경향을 가진 뇌를 일컫는다. 이 경우 타자에의 배려에 뛰어난 반면, 타자의 감정에 좌우되기 쉬운 문제가 있다. 이에 반해 남성은 '시스템화하는 뇌'를 갖고 있다. 시스템화하는 뇌는 대상을 시스템으로서 인식하여 그곳에 있는 패턴이나 인과관계를 논리적으로 이해하는 것에 능숙한 뇌를 말한다. 그러나 그만큼 타자에 대한 공감이 서투르며 공격적이 되기 쉽다는 문제가 있다.

가능한 한 간단한 설명원리로 젠더의 다양성을 설명하고자 하는 저자에게 있어서 위와 같은 '공감'과 '시스템화'라는 구분은 매우 흥미로운 분석이 아닐 수 없다.

또한 자폐증을 '극단적인 남성의 뇌'로 정의한 점도 흥미롭다. 예를 들어 서번트 신드롬 savant syndrome이라고 불리는 특수능력을 가진 자폐증 환자는 공감능력이 떨어지지만, 높은 계산능력이나 암기력 혹은 직관상直觀像(본 것을 그대로 기억하는 능력)과 같은 재능을 갖고 있다고 하는데 이와 같은 능력은 모두 시스템화와 관련된 능력뿐이라는 것을 알 수 있다. 자폐증이 남자아이에게 많이 발생한다는 사실과도 정확히 일치한다.

그러한 한편으로 일단 '단적인 여성의 뇌'의 예로서 '히스테리형 인격장애'를 설정해 두었음에도 불구하고 이것을 제대로 살리지 못한 것은 아쉽기 그지없다. 앞선 4장의 '히스테리' 항목에서도 언급한 바와 같이 히스테리는 말 그대로 '여성성의 정점'이라고 할 수 있기 때문이다.

이 책의 주장은 많은 부분에 있어서 저자의 '관계원리'와 '소유원리'의 대비의 개념과 겹치는 면이 있으나, '관계'와 '소유' 쪽이 다의적인 만큼 더욱 폭넓은 개념이라고 생각한다. 예를 들어 후죠시와 남성 오타쿠의 욕망의 차이는 '공감'과 '시스템화'라는 차이만으로는 설명하기 어렵기 때문이다.

아마도 과도하게 '뇌' 자체에 사로잡히게 되면 사람은 종종 '욕망'과 '섹슈얼리티'의 문제를 잊게 되는 경향이 있는 것 같다. 유감스럽지만 이 책도 그러한 면에서는 예외가 아니다. 따라서 '욕망의 과학'이라고도 말할 수 있는 정신분석 쪽이 더 좋은 수단이 되는 것은 당연하다고 하겠다.

공간과 시간

'소유원리'와 '관계원리'는 인식에도 크게 영향을 미친다. 예를 들어 공간파악 능력에 관해서 생각해 보자. 이 능력은 넓게 보면 개념조작 능력으로 볼 수 있는데 이것은 시각 이미지를 머리속에서 조작하는 능력이라고도 할 수 있다. 대상을 시각화하는 것 그리고 그 이미지를 조작하는 것, 이 모두 '소유'에 익숙한 남성의 주특기 영역이다.

공간파악 능력에 관해서는 주목할 만한 흥미로운 실험이 있었는데 이에 따르면 지도의 형식에 따라서 여성 쪽이 남성보다 빨리 목적지에 도착하는 경우가 있다는 것이다.(NHK 스페셜 취재반, 『그래서 남자와 여자는 다르다』, 다이아몬드사, 2009년) 간단히 말하면 거리와 방향이 표시된 지도를 읽는 것은 남자 쪽이 뛰어나지만, "잠자는 소년상이 있는 곳에서 왼쪽으로 꺾어라."와 같이 이정표를 힌트로 하는 지도를 읽는 것은 여자 쪽이 뛰어나다는 것이다. 이 실험에서는 어디까지나 '뇌'의 관점에서 이 차이를 설명하고 있지만 이것을 이 책에서 말하고 있는 소유과 관계라는 관점에서 설명하면 더욱더 간단명료해진다.

앞에서도 언급한 바와 같이 거리나 방향과 같은 공간파악은 일종의 개념조작이기 때문에, 남성의 '소유' 원리에 더 익숙하다. 한편 여성은 그 때 그 때 우연히 조우한 목표물과 자신의 위치와의 '관계'를 실시간으로 파악하면서 나아가는 쪽에 재능을 발휘하는 것이다.

참고로 소유원리는 일반성이나 보편성을 지향하기 때문에 종종 무시간적無時間的이다. 이는 남성이 소유가 영원적이기를 희망하기 때문에 당연하다고 볼 수 있다. 한편, 여성은 그때그때의 실시간적인 관계성을 중시한다.

다소 흔해빠진 예를 들어서 독자들에게 죄송한 마음이 들지만 저자 자신의 경험을 예시로 들어보고자 한다. 언제인가 고베神戸에서 강연회가 있었는데 그 후에 스태프들의 초대로 레스토랑에 들르게 되었다. 귀가가 늦을 것 같아서 아내에게 미안하기도 하여 그 고장에서 유명한 6개들이 특산품 과자를 사가지고 돌아갔다. 참고로 이는 딱히 저자가 공처가라서 그런 것은 결코 아니다. 예상대로 늦은 귀가에 심기가 불편했던 아내는 기념품을 보자 기뻐하며 순식간에 3개나 먹어치우고 나서야 완전히 화가 풀렸다. 하지만 저자는 밥을 먹고 온 탓에 하나만 먹었고, 남은 과자 두 개는 아내가 랩으로 싸서 냉동고에 넣어두었다.

다음날 오후, 저자는 조깅 후에 다소 출출했던 탓에 남아있던 두 개를 아무 생각없이 먹어 치웠다. 그 맛있는 과자를 먹을 때는 좋았지만 낮잠에서 깬 아내는 그 이야기를 듣고는 "같이 하나씩 먹으려고 했는데!"라며 서슬이 시퍼래져서는 화를 내기 시작했다. "아니, 원래부터 6개였으니까, 둘이 나눠서 3개씩 먹으려고 산건데 말야……"라고 변명해 보았지만 남은 두 개는 당연히 반반씩 나누는게 상식이 아니냐는 것이 아내의 논리였다.

말하자면 이것이 소유원리와 관계원리의 차이라고 볼 수 있다. 소유원리는 과자 6개를 본 순간 바로 절반으로 나누어, '이 3개는 무슨일이 있더라도 내 것'이라고 생각한다. 그러나 관계원리는 그와 다른 사고방식을 갖고 있다. 눈 앞에 과자 6개가 있으면 당연히 둘이서 반반씩 나눈다. 하지만, 다음날 냉동고에는 먹다 남긴 두 개가 남아있는 경우에도 역시 둘이서 반반씩 나누어야 한다. 즉, 소유보다는 '지금의 관계'를 우선하는 발상인 것이다.

이와 같은 문제에서, 누가 옳고 그른가는 판단할 수 없다. 물론 저자는 바로 사과하고 또 과자를 사오겠노라고 약속할 수 밖에 없었지만 말이다.

다만, 이러한 여성의 관계원리를 이해하고 있다면 딱히 공처가가 아니더라도 불필요한 말다툼 정도는 충분히 예방할 수 있다는 것을 여실히 보여주는 사례라고 할 수 있겠다.

젠더와 감정

그렇다면 내친김에 '감정'에 관해서도 알아보도록 하자.

일반적으로 여성쪽이 감정표현이 풍부하고 남성은 감정을 표현하지 않는 경향이 강하다고 한다. 이는 매우 사실에 가깝다. 그러나 이것을 억지로 뇌의 차이와 연관시키면 이상하게 변질되어 버린다는 것은 앞선 2장에서 이미 확인한 바와 같다.

여성의 관계원리를 생각해보면 이것도 그렇게 어려운 문제는 아니다. 감정이라는 것은 무엇인가를 한마디로 정의하는 것은 어렵지만, 한가지 분명한 것은 "표출되는 감정은 존재하지 않는다."는 점이다. 그런 바보같은 말이 어디 있는가 라고 반문할지도 모르겠다. "지금 내가 필사적으로 참고있는 분노의 감정, 이것조차도 '존재하지 않는다'고 할 것인가?"라고.

여기에서는 '표출'이라는 표현이 서툴렀는지도 모르겠다. 억누르고 있는 남성의 그 분노는 이미 언어화되어, 자기 자신에게 내면적으로 표출되고 있다. 그렇기 때문에 분노의 존재를 부정할 수는 없다. 맞다, 부인할 수 없는 사실이다.

그러나 일반적으로 감정이라는 것은 타인에게 표현하는 것이다. 따라서 여성은 감정적이다는 표현은 사실 정확하지 않다. 정확하게는 여성의 커뮤니케이션은 정서적인 반면 남성은 커뮤니케이션에서 정서를 배제하고자 하는 경향이 있다고 말하는 것이 정확할 것이다.

감정의 표출에는 '관계성'과 '신체성'이라는 두 요소가 깊이 관여하고 있다. 왜냐하면 어떠한 감정도 결국 관계 속에서 신체(표정, 동작, 목소리 톤 등)를 통해서 표현되기 때문이다. 그리고 이 표현은 다시금 관계에 영향을 미친다. 즉 감정표현이라는 것은 신체를 사용하여 상대와 관계하고 있기 때문에 매우 효과적인 수단이 된다. 신체성과 관계성, 이는 모두 여성이 주특기를 가진 영역이며 관계원리의 독무대라는 것은 지금까지 몇 번이고 반복해서 언급한 내용이다.

한편 남성은 감정을 억제하고자 하는 경향이 강하다. 감정 억제에서 실패하여 개념조작에서 불거져 나온 감정은 소유원리에서는 다룰 수 없기 때문이다. 감정은 예측할 수 없으며 완전히 컨트롤하는 것도 불가능하다. 무엇보다 남성 중에서도 가끔 과도한 감정표현을 하는 사람이 있는 것도 사실이기는 하다. 그러나 저자에게는 이것이 여성보다 훨씬 표면적이고 일방적으로 이루어지고 있는 듯이 보인다. 아마도 그러한 남성의 표출은 자기자신의 캐릭터를 유지=소유하기 위해 행해지는 것이기 때문이다.

젠더와 언어

지금까지의 논의를 종합해 보면 예의 '언어중추言語中樞'에 관한 문제도 해결할 수 있을 것 같다.

  흔히 여성 쪽이 수다스러운 것은 여성의 언어중추가 발달했기 때문이라는 소박하기 그지없는 가설이 많이 통용되는데, 저자는 이에 대해 언어를 가장 엄밀하게 다루는 철학자에게 여성이 거의 없지 않은가 라고 이의를 제기했다. 사실 언어 시스템에 있어서 오히려 남성원리가 우위에 있기 때문에 그 증거로 언어만을 사용하는 개념조작은 남성 쪽이 능숙하다. 그러고 보면 페미니즘에 있어서도 지식을 논하는 것이 아무래도 남성적인 행동으로 받아들여지는 것이 계속해서 문제시되어 왔다. 남성적인 언어에 대항하듯이 여성적인 언어를 만들어내고자 하는 노력은 엘렌 식수Helene Cixous나 뤼스 이리가라이Luce Irigaray 등에 의해 시도되었으나 이러한 시도가 반드시 성공한 것은 아니었다. 아마도 뇌 과학 만으로는 이러한 모순을 설명할 수 없었을 것으로 생각된다.

  그러나 정신분석의 차원에서 고찰해 보면 이와 같은 모순은 충분히 설명 가능한데 핵심은 언어를 '관계'를 위해 사용하는가, '소유'를 위해 사용하는가의 차이에 있다.

  남녀간의 대화에서 발생하는 엇갈림에 대해 다음과 같은 말이 자주 인용된다. 남자가 대화를 하는 것은 '정보전달'이 그 주된 목적이다. 따라서 남자는 언제나 대화에 있어서 서둘러 결론을 도출해 내고자 한다. 한편, 여성은 결론을 내기 위해서라기보다 '대화 자체'를 즐기는 것이 목적이다. 따라서 남성은 여성의 푸념을 들을 때에는 바로 해답을 제시해서는 안된다. 왜냐하면 여성의 목적은 '해답을 얻는 것' 이상으로 '이야기를 들어주는 것', 그리고 '그저 대화를 함으로써 스트레스를 해소하는 것'에 있기 때문이다. 중요한 것은 어느 쪽이 언어를 훌륭하게 구사하는가의 여부가 아니다. 언어를 사용하는 목적의 차이가 중요한 것이다. 소유원리의 남성의 대화는 극단적으로 말하면 '정보의 교환'에 지나지 않는다. 그러나 관계원리의 여성의 대화는 정보보다는 정서를 전달하거나 공유하는 것을 중요하게 여긴다. 따라서 대화는 상호 관계성을 보다 친밀하게 하거나 이미 구축된 친밀함을 재확인하고자 행해진다.

남성의 눈으로 볼 때 여성끼리의 대화가 종종 내용이 없는 것처럼 느껴지는 것은 이 때문이다. 그러나 여성 입장에서 볼 때 남성의 대화는 종종 살벌하고 무미건조하게 보인다. 여성의 입장에서 남성의 대화를 "논쟁은 싫어. 그런데 남자들은 뭐가 재미있는지, 잘도 싸워. 뭐가 나온다고 질리지도 않고 주거니 받거니 저러는 건지 원 ······"이라고 통렬히 비판하는 대목은 나츠메 소세키夏目漱石의 소설 『마음ここる』에 등장한다. 즉, 여성의 입장에서 보자면 남성 간에 벌어지는 관념적인 논쟁의 응수는 정서도 관계성에 대한 배려도 아닌 비현실적인 환상에 지나지 않는 것이다.

저자는 여성의 친밀함을 목적으로 하는 대화를 '털고르기 커뮤니케이션'이라고 부른 적이 있다. 이는 정보량이 적음에도 불구하고 정서적인 만족도는 높다. 아마도 커뮤니케이션의 달인이라 함은 '털고르기' 즉, 내용이 없는 대화를 얼마든지 계속할 수 있는 능력을 가진 사람을 가리킬 것이다. 이러한 재능이 여성 쪽에 치우치기 쉬운 것은 당연하다면 당연하다고 할 수 있다.

물론 남성도 친밀한 동료 사이에서는 이러한 '털고르기'와 같은 커뮤니케이션을 하는 경우가 있지만 이러한 경우는 여성보다 훨씬 한정되어 있다고 하겠다.

다시 한 번 확인해 두지만 여기에서 임시로 '남성'과 '여성'이라고 부르긴 했으나, 둘 다 모두 '개인'이라고 바꾸어도 상관없다. 젠더간의 행동의 성별에 따라 다르게 나타날 수 있으나 기본적으로 각각의 개인이 '소유원리'와 '관계원리' 중 어느 쪽에 더욱 중점을 두고 행동하는 가의 차이로도 이해할 수 있기 때문이다.

이러한 이해를 바탕으로 한 번 더 '젠더'에 관한 이야기로 되돌아가 보자.

라캉에 의한 페미니즘

라캉파 페미니스트인 엘리자베스 라이트Elizabeth Wright는 라캉에 의한 젠더론을 옹호하고 있다.(『라캉과 포스트 페미니즘』, 이와나미쇼텐岩波書店, 2005년)

(라캉을 팰러스 중심주의라는 비판에 대해서) 과연 팰러스는 팰러스의 기능 즉, 주체를 분단하고, 그렇게 함으로써 발화하는 존재를 창조한다는 것을 가리키는 은유적인 표현으로 사용됨과 동시에 이를 표현하고 있다. 하지만, 두 성性 모두 상징계象徵界에 위치하고 있기 때문에 무엇인가가 결여되게 되고, 결여된 이것은 페니스가 아니기

때문에, 이러한 비판은 애초부터 올바르지 않다. 팰러스의 기능은 남녀 양측에 공히 나타나는 것이다.(엘리자베스 라이트)

즉, 라캉이 말하고자 하는 바를 남성은 본질적인 존재이며 여성은 피상적인 존재라는 '차별적 발언'으로 오해하면 안된다. 오히려 라캉에 따르면 남녀는 모두 신체의 '페니스의 결여'라는 불완전함에서 벗어날 수 없는 존재이다(남성이 '거세'를 거쳐 인간이 된다고 하는 과정을 상기하자). 남성도 여성도 불완전한 존재라는 점에 있어서는 조금도 다르지 않다. 다만, 불완전함의 구조가 다를 뿐이다. 정신분석에 있어서 젠더는 이러한 구조의 차를 가리키는 말인 것이다. 그것이 구조의 차이인 이상, 남성과 여성이라는 단순한 이원론으로는 어떤 문제도 해결할 수 없다. 다양한 젠더 마이너리티를 이해하기 위해서도 이러한 구조적인 이해는 필수불가결하기 때문이다. 저자가 이와 같은 주장에 새롭게 추가한 것은, 이 구조의 차이에 '소유원리'와 '관계원리'라는 비교적 알기 쉬운 이름을 부여했다는 것 정도에 지나지 않는 것이다. 그리고 저자는 이와 같이 단지 이름을 부여하는 것을 통해서 일상에 있어서의 '젠더'에 관한 다양한 면을 이해하기 쉬워졌다고 생각한다.

포스트모던이라고 불리는 현대에 있어서도 우리들은 결코 '젠더'에서 벗어날 수 없다. 자신이 남자인가 여자인가 하는 성적 자인自認의 문제는 항상 우리들의 존재의 근본에 존재하고 있던 것이다.

그렇다면 '젠더'가 필요 없을까?

이쯤 되면 이제는 젠더조차도 집착할 필요가 없을지도 모른다. 저자가 이 책에서 말하고 싶은 포인트는 인간의 욕망에는 '소유원리'와 '관계원리'라는 두 개의 형식이 있다는 것이다. 이제는 독자들도 이해하고 있으리라 생각하지만 이 두 가지 원리와 젠더와의 관계는 절대적이지도 고정적인 것도 아니다. '섹스(생물로서의 성性)', '젠더', '욕망의 원리'는 각각 다른 계층에 위치한다. 보통 이것들은 결합하는 경우가 많지만 그 결합에는 확실한 인과관계는 존재하지 않는다. 때문에 계층간의 관계는 때에 따라서 유동적이다.

 그러나 어디까지나 유동적이라고 해서 그것이 선택가능한 것을 의미하는 것은 아니다. 섹스도 젠더도 그리고 '욕망'도 자유로우면서도 실제로는 자유롭지 않다. 이들 모두가 주체에 대해 항상 미리 구성된 존재로서 눈앞에 나타나기 때문이다. 버틀러도 언급한 것처럼 이는 '명령되는' 것이다(『젠더 트러블』). 이미 그곳에 자유의지가 작용할 여지는 거의 없다. 선택의 자유가 있다면 그것은 미래에 대한 잠재적 자유가 아닌 나중에서야 스스로의 욕망과 젠더를 주장할 수 있는 자유뿐이다.

 따라서 소유원리를 주장하는 여성 및 관계원리에 집착하는 남성이 있어도 문제될 것은 없다. 저자가 아는 한 게이의 욕망에는 종종 소유원리와 관계원리가 공존하고 있는 것 같다. 사실 이러한 양대 원리를 기반으로 욕망에 대해 생각하는 것은, 남과 여라는 너무나도 단순한 이항대립二項對立에서 벗어나 게이나 레즈비언, 성동일성장애 등 다양한 섹슈얼 마이너리티의 욕망에 관한 고찰을 진행하기 위한 준비운동 즉, 사전학습과도 같은 것이다.

　하지만 혹자는 '소유'와 '관계'도 이항대립이 아닐까? 라고 생각할 수도 있다. 하지만, 한 번 더 말하지만 저자는 젠더는 '남과 여' 이상의 다양한 존재로서 다루고 싶다. 젠더는 결코 이항대립으로 다루어서는 안된다. 다만, 저자는 이 다양한 젠더를 심층적으로 고찰할 때, '소유'와 '관계'라는 보통이라면 대립하기 쉬운 두 요소를 좌표축으로 하여 이용하는 것이 매우 심플하고 스마트한 해법이 아닌가 하고 생각할 따름이다.

　한편 이와 같이 다양한 '젠더'를 파악하는 데에 있어서 '뇌'를 이용하는 것은 오히려 문제를 복잡하게 만들 뿐이다. 조금만 상상해 보면 알 수 있듯이 '남성의 뇌'나 '여성의 뇌' 이외에도 무수한 '마이너리티의 뇌'를 추가해 나가는 절차는 번잡하고 꼴사납기 그지없다. 요란스럽게 선전을 해댔던 '게이 유전자'의 발견이 얼토당토않은 거짓으로 밝혀진 것처럼 우리들은 그러한 '젠더의 박물학'에서 19세기 이전에 이미 졸업했을 터인데 말이다.

　개인은 욕망은 '소유'와 '관계'라는 양 극단 사이의 어딘가에 위치한다. 상대적으로 어느 쪽에 가까운가가 중요하며 당연히 개인이 복수의 욕망의 형식을 갖고 있어도 상관없다. 다만, 일반적으로 생물로서의 남성은 소유원리에 입각하여 움직이고, 마찬가지로 여성은 관계원리를 통해 움직인다고 하는 큰 경향이 있을 뿐이다. 그러나 다시 한 번 강조하지만 여기에 그 어떤 결정적인 차이가 존재하는 것은 아니다.

　이제부터는 젠더를 남과 여라는 소박한 틀에 비추어 생각할 일은 없을 것이다. 그렇다면 세계에는 단지 '소유자'와 '관계자'만이 있을 뿐이라고 보는 시각은 어떨까?

　압도적이라고 할 만큼 '소유자'가 지배하는 이 '세계' 안에서 어떻게 '관계자'의 존재를 확인해 나아갈 것인가? 이것이 젠더 센시티브라는 태도를 통해 도출된 또 하나의 문제제기인 것이다. 어느 쪽의 원리가 결여되더라도 이 세계는 조화를 잃어버리게 될 것이기 때문이다.

　만일 이와 같은 문제제기에 진지하게 마주 대하고 해결하고자 노력한다면 '소유자'와 '관계자'는 조금 더 서로를 이해할 수 있으며 관용적이 될지도 모른다. 그렇기 때문에 저자는 이 책을 자기계발 혹은 라이프핵Lifehack(업무의 기술, 생활의 기술)의 책으로 구분해도 좋다고 생각한다. 이 책에는 남성에게는 '관계원리'의 이해, 여성에게는 '소유원리'의 이해를 촉진시키는 것을 통해 상호이해를 넓혀간다면 연애나 결혼 등 그 모든 것이 원활하게 진행될 수 있을 것이라는 의도도 담겨 있다.

　그러나 사실 타인에게 어떤 의견을 제시하기에는 저자는 아직 너무나도 무지하다. 물론 이와 같은 분석과 그에 따른 결론에 대해서 확신을 갖고 있다. 하지만 사실 가장 중요한 부분을 아직 알지 못한다. 무엇보다 '소유'란 무엇인가? 혹은 '관계'란 무엇인가?라는 답을 구하지 못했다. 특히 '관계'에 관해서는 한 권의 책으로 정리하여 철저하게 고찰했음에도 불구하고(『관계라는 화학化學작용인 문학』) 아직 불완전하기 그지 없다. 때로는 누군가에게 가르쳐달라고 애원하고 싶을 정도이다.

　저자는 일찍이 "정신분석은 새로운 물음을 도출해내기 위한 도구이기도 하다."고 언급한 적이 있다. 젠더에 대한 정신분석을 통해 저자는 풀어야만 하는 새로운 물음에 도달했다. 그것이 '소유와 관계의 수수께끼'이다. 만일 이 책에 어떤 가치가 있다고 한다면, 그것은 적어도 젠더 문제의 일부를 또 다른 수수께끼로 변환시킬 수 있었다는 것에 있다고 자부한다.

만일 당신이 이 수수께끼를 풀고 싶다면 그것은 이미 개념조작만으로는 불가능하기 때문이다. 즉, 수수께끼를 풀기 위해서는 당신 스스로가 실제로 '소유'하고 '관계'하는 것 이외에는 해법은 없다. 오직 그곳에 생기는 위화감만이 당신을 젠더라는 '내적 타자'로 이끌어 줄 뿐이다.

이 책이 만일 당신에게 이러한 유혹을 선사할 수 있다면 저자에게 있어서 그보다 더한 행복은 없을 것이다. 왜냐하면 '유혹'이란, '소유'와 '관계'의 쌍방에 열린, 말하자면 젠더를 넘나드는 퍼포먼스기 때문이다.

에필로그

이 책의 기획은 실로 4년 전으로 거슬러 올라간다. 예전부터 의뢰 받은 새로운 책을 우연치 않게 남녀론으로 전개해 보는 것은 어떨까 라고 생각한 것이 2005년 4월이었다. 당시 저자의 기획을 담당했던 코단샤講談社의 모토하시 히로코本橋浩子씨가 재미있는 아이디어라고 이내 OK사인을 내 주었던 것까지는 좋았지만, 바쁜 진찰과 선약, 그리고 다른 저서에 매달리는 와중에 상당히 많은 시간이 지나버렸다.

이 책은 젠더를 정면으로 다루었다는 의미에서 저자에게 있어서 첫 시도이다. 그렇기 때문에 우선 '젠더와 나'라는 존재로부터 시작해 보고자 한다.

1990년대 중반, 상업지에 글을 기고하게 된 지 얼마 안 되어, 재미있는 오해를 받은 적이 있다. 편집자가 말하기를, 아무래도 저자의 이름을 보고 여성이라고 착각하는 사람이 꽤 있어서(분명히 '타마키環'라는 이름이 여성에게 많다), "이 신인 페미니스트는 누구지?"라는 질문이 많았다고 한다. 이름 탓이라고는 하지만 이와 같은 반응은 저자의 문장에 그다지 '남성'이 드러나지 않았다고 하는 방증이기 때문에, 저자는 이 일화를 매우 명예롭게 생각하고 있다. 이 이름을 붙여준 돌아가신 조부에게도 감사하고 싶다. 아무튼 그 덕분에, 저자는 지금까지 몇 번이고 페미니즘의 입장에서 발언하거나 글을 쓸 수 있는 기회를 얻을 수 있었다.

그 중에서도 가장 인상깊었던 것은 '일본 최초의 텍스트에 의한 성추행Textual harassment 재판'으로 알려진 고타니 마리小谷真理의 명예훼손 재판에 관여했던 경험이다. 그리고 우에노 치즈코上野千鶴子와의 대담, 2006년에 출판된 『백러쉬!』라는 책에 의뢰를 받아 참가했던 경험 등이 기억에 남는다. 그 이외에도 페미니즘과 관련된 문제에 관여했던 경험은 몇 번인가 더 있었는데, 이 책은 저자가 지금까지 이와 같은 기회를 통해 기록하거나 생각했던 아이디어의 집대성이기도 하다.

마지막으로 이 책의 완성에 직간접적으로 협력해 준 많은 분들에게 감사의 말을 전하고 싶다. 키리노 나츠오桐野夏生님과 소설가 아카사카 마리赤坂真理님, 카네하라 히토미金原ひとみ님, 카와카미 미에코川上未映子님 등, 이 분들과의 대담이나 작품을 통해 수많은 힌트를 얻을 수 있었다. 이 자리를 빌려서 감사하다는 말을 전하고 싶다.

그리고 아내인 타카노 미에코高野美惠子는 이 책에 두 번 정도 등장하는데, '관계원리'의 구체적인 세부사항과 관련된 많은 아이디어는 그녀의 공헌이 매우 크다.

마지막으로 이 책의 편집을 담당해 준 모토하시 히로코本橋浩子씨와 타나카 히로후미田中浩史씨에게 감사의 말씀을 전하고 싶다. 모토하시씨가 이 책의 기본적인 아이디어를 강력하게 지지해 주셨기 때문에 집필에 큰 용기를 얻을 수 있었다. 그리고 담당을 중간부터 맡아준 다나카씨에게는 무엇보다 "너무 기다리게 해드려서 죄송합니다."라는 사과의 말을 전하고 싶다. 출판 예고까지 냈음에도 불구하고 탈고가 너무나도 늦어져 버렸던 것이다. 그럼에도 불평 하나 없이 분주하게 노력해주신 덕분에 그럭저럭 겨우 납득할 만한 내용으로 정리할 수 있었다고 생각한다. 정말로 수고 많이 하셨다고 전해드리고 싶다.

2009년 9월 1일 이치카와시 교토쿠日市川市行徳에서
사이토 타마키斎藤環

역자 후기

남자와 여자란 어떤 존재이고 서로 어떤 관계일까요? 그 유명한 책 제목인 『화성에서 온 남자 금성에서 온 여자』처럼 서로를 이해하는 것조차 어려운 외계인같은 존재일까요? 아니면, 남자나 여자나 같은 사람인데 뭐, 똑같잖아 라고 생각하고 말아버려도 괜찮은 관계인 걸까요?

   우선, 이 책을 접하는 독자들 중에서 남자와 여자가 똑같은 존재라고 생각하는 사람은 매우 드물 것입니다.

   그렇습니다, 남과 여는 무언가 다른 존재인 것이 분명합니다.

   어떤 확신이나 근거를 제시할 수는 없더라도, 어렴풋이 그렇게 느끼고 있는 독자들이 많을 것입니다. 그런데 여기서 문제가 되는 점은 남녀가 과연 어떻게 다르고 또 왜 그렇게 다른 존재인 것처럼 느껴지는 것인가 라는 점입니다. 남녀와 관련된 수많은 해설서들이 베스트셀러가 되어 왔던 것을 보면, 이와 같은 물음의 해답을 원하는 사람들이 수 없이 많다는 것을 알 수 있습니다.

   그러나 과연 여기에 정답이 존재하기는 한 것일까요?

그리고 남과 여는 어디가 어떻게 다른 존재인 것일까요?

지금까지 출판된 수많은 여성과 남성, 남성과 여성에 관해 설명한 책들은 우리들에게 많은 재미를 주고 공감을 불러일으켜 왔던 것이 사실이고, 또한 길을 잃고 헤매고 있던 우리들에게 나름의 지침서가 되어 주었습니다. 하지만, 여기서 짚고 넘어가야 할 중요한 점이 한 가지 있는데, 그것은 그와 같은 책들이 준 재미와 공감, 그리고 상식처럼 널리 알려진 사실(?)들이 실제로 그렇지 않을 수도 있다는 점이 바로 그것입니다.

바로 그 것이 이 책의 존재 의미라고 할 수 있습니다.

독자들이 모처럼 지금까지 널리 알려진 여성과 남성에 대한 근거 없는 편견과 오해를 극복하고 서로를 이해하고자 집어든 책이 사실에 근거하고 있지 않아서는 곤란합니다.

독자 여러분들은 이 책을 통해 지금까지의 남녀를 둘러싼 다양한 책들이 단순히 성별 차이에 관련된 단편적인 에피소드를 나열하거나 본질적인 질문에 대답을 해 주지 못하는 경우가 대부분이었다는 점을 알 수 있게 됩니다. 그리고 예상 외로 많은 사람들이 남녀와 관련된 책을 읽을 때 남녀의 차이에 관한 설명이 과학적인가 비과학적인가의 여부와 상관없이 이미 상식처럼 굳어진 고정관념을 재확인하거나 이러한 차이를 고정시켜줄 안정적인 대답만을 원해 왔다는 점을 깨닫게 될 것입니다.

진실이 무엇인가에 귀를 기울이지 않으면서 남녀 간의 차이에 관한 정답을 찾을 수는 없을 것입니다.

요 근래 한국사회는 성대결이 펼쳐지고 있다고 할 만큼 남녀 간에 많은 갈등이 일어나고 있습니다. 예를 들어 한국 여성들을 '김치녀'라고 싸잡아 비난하는 마초 남성들이 인터넷에 넘쳐나고 있습니다. 그리고 과거에 비해 동성애에 대한 인식이 개방적으로 많이 바뀌었음에도 불구하고 아직도 극단적 혐오가 우리 사회에 함께 존재하는 복잡한 현상을 목격할 수 있습니다. 역자는 이와 같은 갈등을 성별 차이에 대한 올바른 이해를 통해, 다시금 우리들을 되돌아보는 것을 통해 해결할 수 있다고 생각합니다.

즉, '차이를 인정하면서 차별을 비판하는' 태도, 이 책에서 말하는 '젠더 센시티브'라는 개념에 대한 이해가 절대적으로 필요한 시기가 아닐까 싶습니다.

그렇기 때문에 더더욱 사실을 바탕으로 한 상호 이해가 필요합니다. 적당히 우리들의 근거 없는 편견에 기초하여 상식이라고 잘못 포장된 오류가 아닌, 올바른 사실에 기초한 '젠더 센시티브'가 필요한 것입니다.

젠더를 뇌의 해부학적, 혹은 생리학적인 차이로 돌리고자 하는 논리는 종종 남녀의 차이에 따른 각각의 '자연스런 역할'이 얼마나 멋진 일인가를 강조하곤 합니다. 남녀는 매우 자연스러운 역할 분담을 해 왔으며 이는 전근대에 이르기까지 면면히 이어지고 있었지만, 근대화에 따른 아노미화에 의해 이러한 오랜 좋은 가치관이 파괴되어 사람들은 혼란에 빠져 있다고 말입니다. 이것이 저자가 말하는 전형적이고 소박한 차별주의자의 논법이며, 그렇기 때문에 여성에게 출산을 강요하며, 이성애만이 올바른 것이라고 고정된 사랑을 강요하는 것으로 이어지게 됩니다. 다소 과장해서 그들의 논리를 적용해 보면, 신분 차별도 인종 차별도 간단히 정당화되어 버립니다. 어떠한 추악한 차별과 억압에도 그것이 성립되고 계속해서 유지될 수 있었던 것에는 나름대로의 '의미'나 '근거'가 있었기 때문이죠.

저자는 언제, 어떤 상황에서 젠더가 문제시되는지는 개개의 구체적인 상황에 직면하지 않으면 알 수 없으며 사례별, 상황별로 그 카테고리의 중요도를 판단할 필요가 있다고 말합니다. 그런 뒤에, 만일 그 카테고리가 억압적이고 속박적이라면 그에 대해 개입하거나 하여 수정해야 한다는 것입니다. 이것이 저자가 말하는 '젠더'를 다루는 '센시티브'한 태도라고 할 수 있습니다.

일본의 유명 정신과 의사이며 '은둔형 외톨이', '오타쿠'와 같은 사회병리적 현상에 대해 수많은 저서를 남겨왔던 저자는 이 책을 통해 사회에 널리 퍼진 남녀에 관한 편견을 배척하고 남성과 여성의 차이에 관해 정신분석적인 방법을 통해 다양한 각도에서 분석했습니다.

저자는 말합니다. 우리들에게 필요한 것은 젠더의 존재와 대립하여 싸우자는 것도 아니며 젠더로부터 도망치는 것은 더더욱 아니라고. 스스로 젠더를 쿨하게 이용하는 태도 즉, 컬트화와 냉소주의의 중간 지점에서 적당히 갈등할 수 있는 태도를 위한 처방전을 제공하는 것이 바로 이 책의 목표라고 할 수 있겠습니다. 따라서 우리들은 이 책을 통해 남녀의 차이에 관해 다시 한 번 생각해 볼 수 있게 될 것이며, 그 결과 서로를 완벽히 이해할 수는 없을지언정 서로를 상처 입히는 것만이라도 최소화 할 수 있는 '센시티브' 함을 얻을 수 있을 것이라고 생각합니다.

2014년 1월

김유영

참고문헌(일본어 오십음도 순)

- アラン・ピーズ・バーバラ・ピーズ, 藤井留美訳『話を聞かない男, 地図が読めない女 男脳・女脳が「謎」を解く』主婦の友社, 2000年
- アンドレア・ドウオーキン, 寺沢みづほ訳『インターコース性的行為の政治学』青土社, 1990年
- 伊藤整『女性に関する十二章』中央公論社, 1954年
- 上野千鶴子, 宮台真司, 小谷真理ほか『バックラッシュ！ なぜジェンダフリーは叩かれたのか？』双風舎, 2006年
- 卯月妙子『実録企画モノ』太田出版, 2000年
- NHKスペシャル取材班『だから, 男と女はすれ違う最新科学が解き明かす「性」の謎』ダイヤモンド社, 2009年
- エリザベス・ライト, 推名美智訳『ラカンとポストフェミニズム』岩波書店, 2005年
- エリザベート・バダンテール, 鈴木晶訳『プラス・ラブ 母性本能という神話の終焉』サンリオ, 一九八一年
- オットー・ヴァイニンガー, 竹内章訳『性と性格』村松書館, 1980年
- 笠原嘉『青年期 精神病理学から』中公新書, 1977年
- カトリーヌ・ヴィダル, ドロテ・ブノワ=ブロウエズ, 金子ゆき子訳『脳と性と能力』集英社新書, 2007年
- 金原ひとみ『AMEBIC』集英社, 2005年
- 香山リカ『いまどきの「常識」』岩波新書, 2005年
- 川上未映子『乳と卵』文藝春秋, 2008年
- キャサリン・A・マッキノン, 奥田暁子ほか訳『フェミニズムと表現の自由』明石書店, 1993年
- キャロリーヌ・エリアシェフ, ナタリー・エニック, 夏目幸子訳『だから母と娘はむずかしい』白水社, 2005年
- 桐野夏生『グロテスク』文藝春秋, 2003年
- クリスティアーヌ・オリヴィエ, 大谷尚文ほか訳『母と娘の精神分析 イヴの娘たち』法政大学出版局, 2003年
- 小島アジコ『となりの801ちゃん』宙出版, 2006年
- 小林聡幸「精神障害の性差分布」『精神科治療学』15巻9号, 2000年
- 斎藤環『社会的ひきこもり 終わらない思春期』PHP新書, 1998年
- 斎藤環『家族の痕跡 いちばん最後に残るもの』筑摩書房, 2006年
- 斎藤環『戦闘美少女の精神分析』ちくま文庫, 2006年

- 斎藤環『母は娘の人生を支配する なぜ「母殺し」は難しいのか』NHKブックス, 2008年
- 斎藤環『関係の化学としての文学』新潮社, 2009年
- サイモン・バロン=コーエン, 三宅真砂子訳『共感する女脳, システム化する男脳』NHK出版, 2005年
- ジークムント・フロイト「性欲論三篇」『フロイト著作集五』人文書院, 1989年
- ジークムント・フロイト「エディプス・コンプレクスの消滅」『フロイト著作集六』人文書院, 1970年
- シモーヌ・ド・ボーヴォワール, 生島遼一訳『第二の性』新潮文庫, 1986年
- ジャック・ラカン『セミネールXX　アンコール』スイユ社(일본어 번역판 미발행)
- ジュディス・バトラー, 竹村和子訳『ジェンダー・トラブル フェミニズムとアイデンティティの攪乱』青土社, 1999年
- スラヴォイ・ジジェク, 松浦俊輔ほか訳『快楽の転移』青土社, 1996年
- 高石浩一『母を支える娘たち ナルシシズムとマゾヒズムの対象支配』日本評論社, 1997年
- 俵万智『チョコレート革命』河出文庫, 2000年
- 中上健次『紀州 木の国・根の国物語』角川文庫, 1980年
- 中島沙帆子『電脳やおい少女』竹書房, 2000年〜
- 野火ノビタ『大人は判ってくれない 野火ノビタ批評集成』日本評論社, 2003年
- 萩尾望都『イグアナの娘』小学館, 1994年
- ハリエット・レーナー・高石恭子訳『女性が母親になるとき あなたの人生を子どもがどう変えるか』誠信書房, 2001年
- 堀あきこ『欲望のコード マンガにみるセクシュアリティの男女差』臨川書店, 2009年
- 山田昌弘, 白河桃子『「婚活」時代』ディスカヴァー携書, 2008年
- ヨーゼフ・ブロイアー, ジークムント・フロイト, 金関猛訳『ヒステリー研究』ちくま学芸文庫, 2004年